Découvrir le FANGU

Le bassin-versant du Fangu enserre les terres du Falasorma et du Marzulinu, longtemps vouées au pacage hivernal des troupeaux niolins, et encore empreintes des traces de la grande transhumance entre « piaghja è muntagna ».

Ce territoire est aujourd'hui un vaste domaine de nature préservée, désigné Réserve de Biosphère par l'UNESCO, où coexistent habitants, touristes, gestionnaires de l'environnement et chercheurs. Ces derniers étudient la faune, la flore, suivent la qualité des milieux naturels, font l'inventaire du patrimoine culturel et ethnographique.

C'est un très grand plaisir pour le Président du Parc naturel régional de Corse d'avoir à préfacer cet ouvrage collectif dirigé par Michel Claude Weiss avec la collaboration de Patrick Lepaulmier et qui a le mérite de restituer au grand public et aux habitants un large éventail des connaissances issues de ces travaux scientifiques pour mieux faire comprendre et apprécier la vallée du Fangu ; une microrégion qui aspire à se développer en pérennisant la qualité et la richesse de sa nature et de sa culture.

Cet ouvrage a donc le mérite de mettre en évidence quelques données essentielles en mesure de mieux faire comprendre et de mieux faire apprécier cette zone naturelle appelée à se développer à tout le moins dans le domaine touristique.

Et l'on doit remercier chaleureusement tous les acteurs et collaborateurs de cette publication d'avoir su nous faire partager leur savoir et de l'avoir mis à la portée de tout un chacun.

Jean-Luc Chiappini
President du Parc naturel régional de Corse

la vallée du Fangu

Avant-propos

La réalisation de cet ouvrage s'imposait vraiment. Il aurait été étrange en effet de ne pas mettre en exergue les différents aspects d'une zone naturelle, le bassin du Fangu, qui est sans conteste l'une des plus et des mieux étudiées de l'île. Cet espace aux paysages aussi variés que remarquables, où l'on va rapidement de la mer à la rivière, de la forêt à la montagne, accueille de façon régulière des chercheurs ou des équipes de chercheurs œuvrant dans des disciplines liées à l'environnement ou, plus récemment, aux sciences humaines. De tels travaux scientifiques se développent dans une région qui fait partie de la zone 1 du Parc naturel régional de Corse et en s'appuyant sur des structures comme celles du Laboratoire d'Écologie de Piriu, géré par l'Association pour l'étude écologique du maquis (l'APEEM). Ils sont facilités et organisés par le Comité scientifique de la Réserve de Biosphère du Fangu qui revendique le label MAB (Man and Biosphere) de l'UNESCO.

Or, des résultats à la fois nombreux et conséquents ont été obtenus par ces chercheurs au cours des trente dernières années. Certains sont connus à l'extérieur. Fait surprenant : il y a peu, les gens du Fangu en ignoraient presque totalement l'existence. C'est pour remédier à cette lacune que l'un de nous (M.C. W.) a proposé un tel projet de guide.

« Découvrir le Fangu » est conçu pour donner la possibilité à qui s'intéresse à cette zone de se faire une idée des caractères essentiels de la microrégion, et ce dans plusieurs grands domaines : géographie, environnement, préhistoire, histoire, ethnographie, etc. Le présent y trouve bien sûr sa juste place. Par ailleurs, quelques points d'observation permettent une meilleure approche de certains lieux tout à fait significatifs.

On l'aura compris, l'ouvrage est dû avant tout aux chercheurs signalés un peu plus haut. Rendons-leur hommage car la tâche était fort délicate ; en fait, il s'agissait de condenser, généralement en deux ou trois pages, parfois moins, le fruit de plusieurs années d'analyses et d'études. Entreprise acceptée par tous sans véritable réticence. Nous devons les en remercier car l'ensemble est cohérent et surtout se distingue par une évidente richesse de données dont plusieurs inédites.

Le lecteur sera sûrement sensible à cet aspect des choses. C'est ce que nous espérons sincèrement.

Michel Claude Weiss & Patrick Lepaulmier

Le littoral de la vallée du Fangu (Cliché Alain Gauthier)

Les accès,

les villages,

les organismes et structures locales liés à l'environnement

Chapitre I

Les accès

Bien qu'en situation très à l'écart sur la lisière entre les deux départements que comprend actuellement la Corse, la vallée du Fangu bénéficie de très nombreuses possibilités d'accès, liées notamment à la proximité de la Balagne. Comme dans toute région touristique, la fréquence des transports et leur rapidité varient considérablement entre le cœur de l'hiver et le plein été.

La basse vallée du Fangu est à 22 km (environ 30 minutes) de l'aéroport de Calvi-Sainte Catherine qui est relié à Nice, Marseille ou Paris par des liaisons régulières. Il accueille aussi quelques vols charters.

La route du bord de mer (Cliché M.C. Weiss)

Les autres aéroports sont beaucoup plus éloignés : Ajaccio est à 3 ou 4 heures de route et Bastia à 2 ou 3 heures.

La voie maritime est très favorisée puisque l'on peut utiliser les ports de Calvi (30 km) et de L'Ile-Rousse (moins de 50 km) en liaison avec le continent et la péninsule italienne par navires à grande vitesse (NVG) le plus souvent, et par car-ferries et navires mixtes (une fois la semaine) pour le continent français.

L'accès routier à partir du Nord est double. Depuis Calvi, le plus rapide est la route départementale 251 en direction de l'aéroport, puis la RD 51 vers le col de Marzulinu (460 m) qui permet d'intéressants points de vue sur la vallée du même nom et sur la conque de Calvi. Il faut moins d'une trentaine de minutes pour atteindre le Fangu au pont des Cinq Arcades. L'autre accès (RD 81) demande davantage de temps puisqu'il suit le bord de mer, au sud-ouest de Calvi, par une route étroite et sinueuse mais très pittoresque. Au-delà se trouve l'embranchement vers le village de Galeria et, 2 km plus loin, au lieu-dit « U Fangu », celui vers la moyenne et haute vallée, emplacement reconnaissable à quelques maisons, deux hôtels et un poste à essence (un autre se trouve un peu en aval, au garage dit de Galeria) bien utile pour ceux qui se rendent à Portu,

ci-dessous, en haut Le pont des cinq arcades (Cliché M.C. Weiss)

en bas La route de Marzulinu (Cliché M.C. Weiss)

30 km plus au Sud. La départementale remonte le fleuve sur une quinzaine de km jusqu'au village de Montestremu, à 300 mètres d'altitude. Là encore, il s'agit d'une route sinueuse, étroite, qui nécessite une certaine prudence et réserve de beaux points de vue sur la vallée, ses gorges et les hameaux qu'elle côtoie ou traverse. Les aires de stationnement sont assez réduites ; on se méfiera aussi des bovins en divagation.

Depuis le Sud, l'accès s'effectue à partir de la station touristique de Portu par la D81 ; jusqu'au col *(bocca)* de Palmarella à 408 mètres d'altitude, il s'agit d'une route qui est une réminiscence d'un passé routier longtemps décrié en Corse car étroite et sinueuse. Mais de notables travaux sont en cours. Les accidents sont toutefois assez rares et de peu de gravité compte tenu de la vitesse nécessairement réduite ; les embouteillages peuvent être importants lorsque doivent se croiser autocars et gros camions ou lorsqu'il faut les doubler... Après le col, la route dépend du département de la Haute-Corse ; elle a été bien améliorée mais elle demande toujours prudence et attention. L'accès par Portu est un véritable « no man's land » constitué d'un paysage végétal très dense, souvent austère, révélant çà et là quelques points de vue majestueux.

En ce qui concerne les accès piétonniers, la vallée du Fangu est traversée par le sentier « Tra Mare è

Monti » en provenance de Calinzana et en direction de Ghjirulata (Girolata). Le GR 20 est accessible en remontant la vallée par le col de Caprunale (1 329 m) ou la vallée de Bocca Bianca ■

Gérard Richez

Les villages

Galeria

Nichée au pied de l'imposant relief littoral du Capu Tondu qui domine la mer de ses 839 m, l'agglomération de Galeria est aujourd'hui une station estivale appréciée pour son calme et ses possibilités de randonnées pédestres ou de promenades en mer, en particulier en direction de Scandula. Mais c'est la répartition des lieux habités de la commune qui rend compte de la nature de son peuplement ancien. Éclatée en plusieurs hameaux, elle ne saurait nier une origine pastorale et des liens très forts avec la haute vallée du Niolu. D'autre part, si cette commune rassemble 13 515 ha, elle ne possède en propre que 2 ha, l'essentiel de la terre appartenant toujours aux villages du Niolu. Elle s'étend du col de Marzulinu au Nord, à celui de Palmarella au Sud, et de la mer à l'Ouest au ruisseau de Perticatu à l'Est.

Vue partielle du village de Galeria (Cliché M.C. Weiss)

L'implantation du village de Galeria à son emplacement actuel est éclairée par l'histoire locale du XVIIIe au XXe siècle. Galeria a acquis son autonomie communale en 1864 seulement. Au recensement de 1999, sa population comptait 302 personnes, dont seulement 17, 5 % de jeunes de moins de 20 ans (à comparer aux 21, 6 % du département).

Le secteur tertiaire avec quelques commerces, une école primaire, une gendarmerie, un bureau de poste ainsi que les structures du Parc naturel régional de Corse, est loin d'être négligeable. La pêche, qui n'est pourtant pas une activité traditionnelle ici, emploie plusieurs personnes, de Galeria mais aussi de Mansu. Un port modeste, récemment agrandi, abrite quelques embarcations. L'élevage du petit bétail, réel le long de l'axe Marzulinu-Palmarella, est plutôt discret de nos jours mais ses produits sont de réelle qualité. On notera également la nouvelle mise en valeur des terrains du Marzulinu. Cependant, c'est le tourisme qui donne une vie au moins saisonnière à la commune. Un gîte d'étape a été créé entre l'agglomération de Galeria et le hameau de Calca.

Avec ses deux plages, ses structures de plongée sous-marine, les possibilités de baignade en rivière, les nombreux sentiers permettant de parcourir des paysages à la fois superbes et variés, les atouts de Galeria sont évidents dans le domaine de l'environnement. En fait, cette commune d'essence pastorale devrait réussir son adaptation au monde de demain.

ci-dessous, le hameau de Montestremu à Mansu

(Cliché M.C. Weiss)

Mansu

À peine moins étendue que celle de Galeria, la commune de Mansu (12 120 ha) occupe les parties moyenne et haute du bassin du Fangu. On retrouve ici bon nombre des caractères mentionnés à propos de Galeria : dispersion de l'habitat (six hameaux sont actuellement fréquentés ou l'étaient récemment) ; origine nioline de la population locale ; faiblesse des terrains appartenant à la commune (3 048 m²) ; autonomie administrative peu ancienne (1864).

Malheureusement, Mansu ne réunit plus que 106 habitants (soit une densité de 1 habitant au km² !) alors qu'elle en comptait 498 au moment du recensement de 1911. Il s'agit donc de deux communes sœurs, au destin assez comparable et en partie lié (par exemple, Mansu utilise certaines structures administratives de Galeria : École primaire, Postes). Nous avons affaire ici à deux sortes d'oasis dans un vaste espace de maquis et de forêts. Le lien qui unit ces deux communes, c'est-à-dire le Fangu, connaît de nombreuses crues, parfois violentes. Mansu comprend à l'Est la partie occidentale de la chaîne du Monte Cintu, avec surtout les sommets si caractéristiques de la Paglia Orba (2 525 m) et du Capu Tafunatu (2 263 m).

La vallée du Fangu représentait pour les bergers une voie de passage naturelle essentielle conduisant au Niolu par les cols de Caprunale (1 329 m) et de Guagnerola (1 833 m). Les anciens replats ou terrasses que l'on observe encore autour des hameaux, sur des terrains en pente plus ou moins forte, avaient

été aménagés pour l'installation des cultures. De nos jours, les transhumances n'empruntent plus qu'occasionnellement ce chemin traditionnel. Quelques bovins sont encore visibles dans cette zone dépeuplée qui connaît malgré tout un regain d'animation en été, alors que l'occupation des magnifiques trous d'eau de la rivière devient presque excessive. Un gîte d'étape établi sur sa rive droite accueille surtout les groupes de randonneurs ; un autre vient de s'ouvrir à Montestremu. Un café situé à Barghjana, café désormais saisonnier, ne contrarie pas l'impression d'un certain assoupissement, que l'on espère provisoire, de la microrégion. Malgré tout, à la limite ouest de la commune se tiennent la maison forestière de Piriu et le Laboratoire d'Écologie du même nom, ce dernier recevant sporadiquement des missions de chercheurs.

Quant à l'avenir de cet endroit si particulier et si attachant, il passe sans doute par une organisation structurée de ses très remarquables ressources naturelles ■

MICHEL CLAUDE WEISS

Les organismes et structures locales liés à l'environnement

Le Parc naturel régional de Corse

Depuis 1972, le Parc naturel régional de Corse s'est fortement investi dans la microrégion, avec des actions et des réalisations qui reflètent largement l'éventail des missions que s'est donné le syndicat mixte dans sa charte constitutive. Il a œuvré en particulier dans quatre domaines :

– La protection et la gestion de la nature : création en 1975 de la Réserve naturelle de Scandula, première réserve française marine et terrestre, dont la base logistique est implantée à Galeria ; réalisation, dans le cadre des comités scientifiques de Scandula et de la Réserve de Biosphère, de nombreuses études et suivis ; mise en place d'une politique de sauvegarde du balbuzard pêcheur sur le littoral et du gypaète barbu dans les massifs avoisinants.

– L'accueil des visiteurs et la création d'itinéraires de grande randonnée : le GR 20, le Tra Mare è Monti, le sentier patrimonial de la transhumance.

– La sensibilisation à l'environnement, avec la gestion de la Casa Marina de Galeria, centre d'initiation à l'environnement, et la collaboration avec les écoles de Galeria et de Calenzana.

– Le développement. Ainsi, le coordinateur de la Réserve de Biosphère de la vallée du Fangu, basé à Ajaccio, contribue à la mise en place d'un plan de développement durable. De plus, l'agent de développement basé à Carghjese intervient également sur le Falasorma en liaison avec les municipalités de Galeria, Mansu et Calenzana. Par ailleurs, dans les années 80, le Parc naturel régional de Corse a initié la mise en place d'un agent pastoraliste dans la microrégion ; cette action est aujourd'hui pérennisée sous la responsabilité de l'Office de Développement Agricole et Rural de la Corse

Patrick Lepaulmier

Sortie pédagogique avec les écoles (Cliché PNRC)

La Casa Marina

Le PNRC gère à Galeria « A Casa Marina ». Depuis 1994, cette structure accueille régulièrement des classes de découverte, des centres aérés, des associations, des colonies de vacances et des stages d'enseignants et d'animateurs. Cet outil privilégié permet de recevoir tout au long de l'année des groupes de 36 personnes pour des séjours d'une à deux semaines à caractère éducatif et environnementaliste.

Spécialisés dans les domaines de l'éducation à l'environnement et au développement durable, les animateurs et tout le personnel de la maison aident le groupe, avant, pendant et éventuellement après le séjour, à concrétiser un projet pédagogique comportant visites, enquêtes, travaux de terrain pour l'approche globale des grands milieux de la Réserve de Biosphère du Fangu.

Le milieu marin et littoral, la zone humide du Fangu, les paysages, la dune, la faune et la flore de ces milieux, l'homme et son patrimoine culturel, sont les thèmes abordés par les 700 à 800 enfants concernés chaque année par des séjours de 5 jours en moyenne

Jean-Baptiste d'Angeli et Patrick Lepaulmier

La maison de la mer

À la marine de Galeria, la « Maison de la mer » est la base logistique du Parc Naturel Régional pour la gestion de la Réserve naturelle de Scandula.

ci-dessous, en haut, animation sur le Gypaète à la Casa Marina

en bas, La maison de la mer, à Galeria (Clichés PNRC)

L'équipe de gestion comprend un chef de projet et deux techniciens opérationnels, en poste de façon permanente ; elle est renforcée pendant la saison estivale par trois gardes. La mission de ce groupe est multiple : sensibilisation et information du public,

encadrement des missions scientifiques, entretien du matériel et des structures de la Réserve (bureau, garage à bateaux, atelier pour le stockage, petit laboratoire de terrain, station de plongée).
Des équipes de chercheurs séjournent régulièrement dans ce bâtiment pour des opérations spécifiques se rapportant à des problématiques de gestion du site.
Depuis quelques années, le savoir de la Réserve (entre autres, celui relatif au balbuzard et au corail) s'exporte en Europe (Toscane, Sardaigne, Catalogne). La Réserve de Scandula est devenue une référence en Méditerranée et en Europe pour la conservation de la nature

JEAN-MARIE DOMINICI ET PATRICK LEPAULMIER

Le laboratoire d'écologie de Piriu et l'APEEM

L'Association pour l'Étude Écologique du Maquis (APEEM) est créée en 1970, année où la Corse est déclarée sinistrée en raison des incendies de forêt et de maquis. Son but est la connaissance du maquis corse pour démontrer son rôle dans l'équilibre écologique de l'île et le faire ainsi respecter. Une gestion adéquate du maquis visant sa valorisation pour une meilleure utilisation par l'homme, sans menacer sa pérennité, en constituerait une réhabilitation dans l'esprit insulaire. L'espoir est une diminution du nombre de mises à feu.
En effet, dans le cadre des mesures recherchées à l'échelon régional pour lutter contre les incendies, Denise Viale propose au Préfet de Corse et au Ministre de l'Agriculture en charge de l'Environnement et présent en Corse pour cet événement, un programme d'étude et de revalorisation du maquis... Le maquis (et plus généralement ce qui est faussement appelé dans les médias « broussailles ») sera respecté quand son rôle fondamental aura été démontré : rétention et régulation de la ressource en eau, protection des sols, rôle régulateur des températures, des crues brutales et des étiages assassins. Faire connaître l'intérêt écologique du maquis pour le faire aimer et respecter (alors qu'on entend trop souvent dire « ce n'est que du maquis qui brûle ! »).
L'APEEM étudie les écosystèmes de la vallée du Fangu, et agit dans quatre directions : recherche scientifique et publications, animation dans l'enseignement (primaire, secondaire et supérieur), sensibilisation du grand public à la découverte des écosystèmes, accueil des chercheurs. En 1989, l'association a reçu l'agrément du Ministère de l'Environnement au titre de l'article 40 relatif à la protection de la nature.
Dès 1971, l'association loue l'ancienne maison cantonnière de Piriu, (idée suggérée par Michel Claude Weiss), qu'elle transformera en laboratoire d'écologie de terrain : les premiers travaux d'aménagement sont autofinancés, puis la rénovation se fait grâce à un contrat avec le Parc naturel régional de Corse. L'entretien de ce laboratoire est assuré en autogestion par l'APEEM jusqu'à maintenant.
Les cinq premiers programmes de recherche sont subventionnés par la Délégation Générale à la Recherche Scientifique et Technique (DGRST), après une inspection dans la vallée par un groupe d'experts nommés par le Ministère et comprenant les plus hautes sommités de l'écologie dont le Pr

ci-dessous, en haut, l'ancienne maison cantonnière transformée en laboratoire (Cliché Michel Claude Weiss)
au centre, branches d'arbousier et de myrte (Cliché PNRC)

Sauvage (CEPE Montpellier), le Pr Grisons (INRA et Comité français du MAB, UNESCO), le Dr Jourdheuil (INRA, Antibes), le Dr Blondel (CNRS, CEPE Montpellier) ; parmi les parrains, on peut mentionner le Pr Lamotte (ENS Paris), le Pr Long (CEFE Montpellier), le Pr. Morel (Paris VI), le Pr Coineau (Muséum de Paris) et P. Simi, géographe de la Corse. En 1976, l'APEEM a été chargée par le Ministère de l'Environnement de l'étude préalable au projet de création d'une Réserve de Biosphère dans la vallée du Fangu, dans le cadre du programme international « Man and Biosphere » de l'UNESCO. En 1977 est créée la Réserve de Biosphère « Forêt domaniale du Fangu », protégeant les écosystèmes terrestres méditerranéens caractéristiques des forêts sclérophylles dont le maquis, création attestée par un diplôme de l'UNESCO. En 1989, l'association participe avec le PNRC et l'ONF à l'installation d'un comité MAB-Fangu dont le but est d'élaborer un plan de gestion de la Réserve du Fangu ; un conseil scientifique est mis en place auquel l'association participe pleinement. En 1990, la Réserve de Biosphère est renouvelée et ses limites sont étendues à l'ensemble du bassin hydrographique de la rivière Fangu avec une surface de 234 km^2 nommée « Réserve de Biosphère de la vallée du Fangu ». Aujourd'hui, l'APEEM participe à son Comité de Gestion.

Depuis 1972, des programmes de recherche financés par le CNRS assurent la continuité d'une étude démographique et génétique des mésanges de la forêt de chênes verts de la vallée (équipe de Jacques Blondel) et d'une étude des micromammifères (équipe de Roger Fons). Les résultats obtenus sont d'un intérêt scientifique international, qui attirent vers ce

laboratoire, des chercheurs de Hollande, Grande-Bretagne, Belgique, Italie, Allemagne, Espagne, Suisse et même de Russie et Canada.

La direction du laboratoire a été assurée par Denise Viale jusqu'en 1983, date de son entrée à l'Université de Corse, puis par Georges Viale de 1984 à 1997. Depuis, elle a été confiée par l'APEEM à Anne-Claire Viale-Masson.

Un hommage doit être rendu au bureau et aux membres de l'APEEM pour le soutien tenace et le travail personnel fournis à ce laboratoire depuis de longues années

Denise Viale, Georges Viale,
Anne-Claire Viale-Masson et Jean-Pierre Fontana

L'Office National des Forêts

L'Office National des Forêts gère en Corse plus de 150 000 ha de forêts : 1/3 de forêts territoriales (propriété de la Collectivité Territoriale de Corse depuis la loi de janvier 2002), 2/3 de forêts communales.
La vallée du Fangu dépend de l'Unité Territoriale Calvi-Bastia. L'ONF y est représenté par un Agent patrimonial qui réside à la maison forestière de Piriu. Cet Agent est responsable de plus de 10 000 ha dans la vallée : 4 044 ha pour la forêt territoriale du Fangu et 6 410 ha pour la forêt communale du Filosorma, propriété indivise des 5 communes du Niolu.

Ces forêts représentent un patrimoine d'une grande richesse et d'une grande diversité. On y trouve de nombreux habitats européens et tout particulièrement les différentes séries du chêne vert, les pinèdes supraméditerranéennes de pins maritime et laricio de Corse. Les espèces animales les plus emblématiques de la Corse sont présentes ici dont le mouflon et le gypaète barbu. Le patrimoine est également historique. En 2001, le chemin de transhumance a bénéficié d'une restauration importante entre le pont de Tassi et le col de Caprunale. D'autre part, la forêt recèle d'innombrables charbonnières.

L'aménagement rédigé en 1986 (fin d'application 2007) a créé une Réserve Biologique Intégrale de 80 ha destinée à la conservation et à l'étude des processus évolutifs naturels des maquis hauts vers la yeuseraie (forêt de chênes verts). Il est actuellement en cours de révision et les objectifs de gestion proposés pour les quinze années à venir seront nettement des objectifs de protection générale des milieux et des paysages, d'étude des écosystèmes et d'accueil du public.

La production de bois de chauffage n'est pas oubliée, car il s'agit d'un besoin récurrent des populations de la vallée. Seule une petite partie de la forêt de chênes verts peut être exploitée ; ce sont les parties situées près des chemins et des routes. Dans ces zones, il sera prévu d'ouvrir de petites trouées en enlevant des arbres sénescents afin de permettre à une régénération naturelle de s'installer.

L'ONF, outre la gestion des forêts publiques, est partie prenante dans la gestion de la Réserve de Biosphère. Il a un représentant au Conseil scientifique de la Réserve et est membre du Comité de Gestion. À ce titre, il participe activement à la surveillance et à la protection de l'ensemble (en assurant une patrouille quotidienne en été et en intervenant sur tous les incendies) ainsi qu'aux réflexions menées en amont (prévision).

Dans le cadre de la Protection Rapprochée des Massifs Forestiers (PRMF), l'expérience de ses représentants en matière d'accueil du public en forêt et dans les milieux sensibles a pu être mise à profit par les autorités locales.
Ainsi, l'ONF a réalisé la première aire de stationnement le long de la RD 351 (aire de Treccia)

JEAN LEIBENGUTH

page suivante,
Montagne du Fangu
(Cliché Alain Gauthier)

Le delta du Fangu, propriété du Conservatoire du littoral

Le Conservatoire de l'Espace Littoral et des Rivages Lacustres possède, en Corse, environ 13 400 ha de terrains côtiers, soit 160 km de côte sur les 1 000 km que compte l'île. Parmi ces sites, celui du Fangu (117 ha) est remarquable en raison de la diversité de ses espaces naturels et de leur valeur patrimoniale tant au niveau régional que national. À ce titre, il fait partie de l'aire centrale de la Réserve de Biosphère avec comme objectifs principaux la conservation d'un écosystème à forte dynamique naturelle d'évolution, lié aux crues et divagations du Fangu, et l'accueil contrôlé des visiteurs pour la découverte des richesses biologiques. Depuis l'acquisition du site en 1987, le Conservatoire du Littoral, en partenariat avec le Conseil Général et la commune de Galeria, a procédé à des travaux de mise en valeur de cet espace : entre autres, plantations, rénovation de l'oliveraie, nettoyage de la plage et mise en place des mesures de protection et d'information (interdiction du camping sauvage, limitation de l'accès aux véhicules, gardiennage saisonnier, signalétique, dépliant d'information). Ces réalisations ont bénéficié de l'assistance technique de l'AGENC – Agence pour la Gestion des Espaces Naturels de la Corse – qui a élaboré en 1989 un plan de gestion et d'aménagement de ce site

PATRICK LEPAULMIER

La Réserve de biosphère de la vallée du Fangu

La microrégion du Falasorma-Marzulinu constitue l'un des onze secteurs opérationnels du Parc naturel régional de Corse avec le privilège distinctif d'être reconnue

ci-contre,
L'embouchure du Fangu
(Cliché Alain Gauthier)

comme « Réserve de Biosphère » par les instances de l'UNESCO. C'est l'APEEM (Association Pour l'Étude Écologique du Maquis) qui impulsa en 1976, avec le soutien du Parc naturel régional de Corse et de l'ONF, le projet de création d'une Réserve de Biosphère.

Désignée le 1er mars 1977, la Réserve de Biosphère, initialement « Forêt domaniale du Fango », a été révisée et étendue à l'ensemble du bassin-versant du Fangu (23 400 ha) le 27 mars 1990 sous l'appellation « Réserve de Biosphère de la vallée du Fango » pour mieux répondre aux objectifs assignés aux réserves de biosphère. Le Parc naturel régional de Corse est l'organisme responsable de la Réserve de Biosphère. Il s'appuie sur un comité de gestion où sont associés les différents partenaires – l'APEEM, l'ONF, le PNRC, les représentants des trois communes concernées : Calenzana, Galeria et Mansu. Le Parc réunit également annuellement le comité scientifique de la Réserve MAB qui est composé d'une vingtaine de chercheurs des différentes disciplines des sciences naturelles et des sciences humaines.

La Réserve de Biosphère est le siège d'importantes activités de recherche et de surveillance continue : programme sur la régénération des forêts de chênes verts, inventaires du patrimoine naturel et culturel (paysages, entomofaune, archéologie, habitat traditionnel temporaire...), étude sur la gestion de la ressource en eau (diagnostic global, programme de suivi et d'amélioration de la qualité de l'eau). La Réserve est également en pointe pour les améliorations agro-pastorales et l'éducation à l'environnement. Cependant, le Parc Régional n'est pas le véritable gestionnaire des espaces et sa tâche la plus difficile est d'impulser un projet effectif de développement durable pour la microrégion. À cette fin, un guide d'aide à la gestion de la Réserve de Biosphère a été prévu avec la participation des différents acteurs privés et institutionnels influant sur la gestion de ce territoire

Patrick Lepaulmier

Les réserves de biosphère

Sites d'application du Programme scientifique sur « l'Homme et la Biosphère » (MAB : Man and Biosphere) lancé en 1971 par l'UNESCO, les réserves de biosphère ont trois objectifs principaux : conserver la diversité naturelle et culturelle ; constituer des modèles de gestion des espaces ou des lieux d'expérimentation du développement durable ; être des lieux privilégiés pour la recherche, la surveillance continue de l'environnement, l'éducation et la formation. Réparties sur les 5 continents, les 368 réserves de biosphère désignées en 2000 forment un réseau mondial destiné à favoriser les échanges d'information et d'expérience. Animé par le Comité MAB France, le réseau français compte à ce jour 10 réserves : Archipel de Guadeloupe, Camargue, Cévennes, Luberon, mer d'Iroise, Mont Ventoux, Pays de Fontainebleau, Tuamotu, Vallée du Fango, Vosges du Nord.

Sous la tutelle du Ministère de l'Environnement, la majorité des réserves est gérée par un Parc naturel régional ou un Parc national qui s'entoure d'un comité de gestion et d'un conseil scientifique pour assurer la coordination des actions et la participation des acteurs locaux. Chaque réserve présente un zonage géographique : une ou plusieurs aires centrales légalement protégées et consacrées à la conservation de la biodiversité qu'elles renferment, aires centrales entourées d'une zone tampon, siège d'activités peu perturbatrices, elles-mêmes entourées d'une aire de transition, siège des activités économiques et sociales, où sont favorisés les initiatives et les pratiques d'exploitation durable des ressources en coopération avec la population.

Les réserves de biosphère doivent se doter d'un plan de gestion opérationnel qui s'appuie sur ce zonage spécifique et le contexte local (patrimoine, pratiques et activités économiques, enjeux et priorités d'action). Chaque réserve est évaluée tous les 10 ans, sur la base des travaux réalisés.

Patrick Lepaulmier

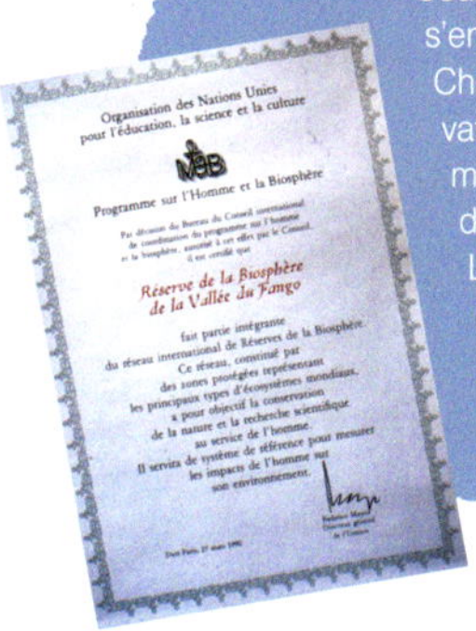

Coucher de soleil sur la vallée du Fangu (Cliché Alain Gauthier)

Les caractéristiques du milieu naturel

Chapitre II

Le fonctionnement des écosystèmes

Des interactions dévoilant le fonctionnement de l'écosystème (ensemble des êtres vivants d'un même milieu et des éléments non vivants qui leur sont liés vitalement) ne sont devenues intelligibles qu'après de nombreux travaux réalisés dans la vallée du Fangu depuis 1972. Dans un écosystème, les divers éléments sont interconnectés, adaptés au milieu et constituent un assemblage spécifique. Un écosystème fonctionne par les actions et réactions entre les différents êtres vivants qui forment les biocénoses (associations animales et végétales équilibrées). Il y a également des interactions entre le système vivant et le substrat physico-chimique. La vallée présente une variation de l'écosystème « maquis-chênaie verte » modulée par de fortes différences d'altitude : de zéro à 2 500 m sur 20 km, le paysage passe du rivage à pelouses maritimes et maquis très bas thermoméditerranéen, aux étages méso et supraméditerranéens avec maquis arboré, chênaie ou forêt de pins laricio, puis se termine, au-dessus des aulnes rampants, par les pelouses et gazons ras des hauts sommets, sans oublier la forêt alluviale de chênes verts dans l'embouchure du Fangu.

Cette forte variation altitudinale conditionne la répartition des espèces. Le lézard des murailles corse occupe la majeure partie du territoire, mais il est chassé des zones basses par le lézard sicilien et des zones élevées par le lézard Bedriagae (L. Knopffler). Les vaches et veaux en libre parcours occupent tout le territoire, des zones les plus basses l'hiver aux plus hautes l'été ; par la suite, ils éparpillent leurs « bouses » à tous les étages de végétation, ce qui autorise une remarquable diversification des espèces d'insectes coprophages tels que les scarabéidés (Lumaret, 1977). Les insectes sont diversifiés en fonction de l'altitude (Bigot, 1975 ; de Frescheville, 1977 ; Jégoux, 1992) et de la stratification de la végétation (M.-C. Andrei-Ruiz, 1992, 1994). Les papillons comportent de belles espèces diurnes comme le Jasion (Charaxes jasius) dont la chenille vit sur l'arbousier ; mais ce sont les espèces nocturnes qui sont efficaces par l'abondance de leurs chenilles broyeuses de feuilles comme les « che-

Le Fangu (Cliché Alain Gauthier)

nilles du Bombyx disparate » (Bombyx dispar) cachées le jour dans des bourses en fil de soie sur le chêne vert et sortant la nuit pour brouter les feuilles. Certaines années, ces chenilles sont ravageuses ; mais leur explosion démographique est contrôlée par une espèce de coléoptère très carnassière, Calosoma sycophanta, et par les oiseaux insectivores dont la mésange bleue et à tête noire (Blondel et al., 1980, 1998). Parmi les cigales et punaises, une nouvelle espèce a été découverte dans le Fangu et nommée Cicadetta Fangoana (Boulard, 1974).

Le travail de broyage de la matière végétale par les animaux qui s'en nourrissent, du mouflon à la fourmi, permet un recyclage rapide de cette matière en accélérant sa dégradation par les micro-organismes. Cette accélération de la transformation de la matière végétale est très utile pour recycler rapidement les éléments nutritifs indispensables à la croissance et présents en quantité limitée, comme les nitrates, les phosphates ou le calcium.

Si l'on étudie les interactions qui assurent le cycle du calcium dans la vallée du Fangu, on observe que le substrat ne fournit pas de calcium et la lente transformation pédologique des rhyolites, très dures, conduit à un sol où le calcium provient essentiellement de la biomasse végétale recyclée. Mais les fortes pentes entraînent une perte du calcium par le lessivage des pluies. La reconstitution du stock nécessaire de calcium implique un apport extérieur : en effet, M.-D. Loÿe-Pilot (1995) a démontré l'arrivée massive de poussières calcaires sahariennes amenées par des vents d'altitude. Certaines interactions entre le milieu et les êtres vivants rendent discernable cette faible disponibilité en calcium. Le Romarin, connu pour nécessiter le calcium, est absent de la vallée. D'autre part, L. Knoeppfler (1974) affirmait l'absence de la Tortue d'Hermann dans cette aire ; en effet, cette espèce exige beaucoup de calcium pour sa carapace. Et J. André (1974) conclut aussi à l'absence des gastéropodes à coquille calcifiée dans la région : il y a des limaces mais pas d'escargots. Par la suite, M.-C. Ruiz-Andrei (1994-1995) trouve dans le Fangu, parmi la famille des parasites des gastéropodes, la seule espèce qui parasite les limaces et non celle des escargots.

ci-dessous Lézard de Corse (Cliché PNRC)

On comprend comment la présence d'une espèce dans une biocénose caractéristique d'un écosystème est conditionnée par les processus interactifs reliant les différents facteurs écologiques aux diverses espèces, et pourquoi les diverses espèces d'un système sont arrangées d'une manière spécifique et non simplement juxtaposées

Denise Viale et Anne-Claire Viale-Masson

Aspects géographiques et géologiques

La région du Fangu est située au nord-ouest de la Corse, entre les golfes de Portu et de Calvi. Très fortement enclavée, limitée par des crêtes abruptes, elle présente une très forte identité géographique qui peut se résumer en trois mots : un fleuve, une vallée, un pays.

Le fleuve. Le Fangu, draine le versant ouest d'une des parties les plus élevées de la grande dorsale montagneuse corse (Punta Minuta 2556 m, Paglia Orba 2525 m, Capu Tafunatu 2335 m). C'est un petit cours d'eau par sa longueur (24 km) et la superficie de son bassin versant (235 km²). Sa pente moyenne très forte, supérieure à 10 % (10,6 %) et l'imperméabilité du substratum expliquent l'importance et la brutalité des crues (700 m³/s en 1992). Son débit est moyen, mais le régime est très irrégulier avec des variations allant de 1 à plus de 500. La taille apparemment démesurée du pont des cinq arcades, qui enjambe un lit réduit en été à l'état de bancs de galets, illustre bien l'importance de ces crues.
Les affluents en rive droite (Candela, Cavichja, Taïta et Marzulinu) sont plus développés que ceux de la rive gauche (Rocce, Piriu, Columbu et Canne).

La vallée du Fangu et le Capu tondu (Cl. A. Gauthier)

La vallée. D'orientation grossièrement NW-SE, elle est fermée à l'Est par une véritable muraille qui s'élève à plus de 2 km de hauteur au-dessus du hameau au nom évocateur de « Montestremu ». Un seul col, celui de Caprunale (1329 m), permet de franchir l'arête en son point bas, mais c'est pour déboucher dans la haute vallée de la Lonca qui rejoint la Méditerranée. Il faut donc franchir un second col plus élevé (1833 m), celui de Guagnerola pour gagner le Niolu par le Golu naissant et se trouver sur le versant tyrrhénien de l'île.
La vallée étroite et profonde ne s'élargit vraiment que dans ses quatre derniers kilomètres où elle se raccorde d'ailleurs à celle du Marzulinu. On nomme parfois improprement « delta » du Fangu la dernière partie de son cours à l'aval du pont des cinq arcades. Le cours d'eau y disparaît fréquemment au milieu de bancs de galets et le lit mineur y a changé plusieurs fois de place au cours des deux derniers siècles.

ci-dessous. Roches rouges en bordure du Fangu

(Cliché Alain Gauthier)

Les crêtes qui limitent le bassin-versant au Nord et au Sud, pour être moins élevées que celles de la grande barrière, n'en sont pas moins difficiles à franchir et offrent peu de cols facilement accessibles.

Un pays. Falasorma et Marzulinu réunissent essentiellement deux communes, celles de Galeria et Mansu, de création récente (milieu du XIXe siècle). Les habitants des divers hameaux de la vallée principale ou de son affluent ont tous des attaches dans le Niolu.
La vallée a longtemps été occupée exclusivement par les bergers niolins et leurs familles, et ce de l'automne au début de l'été. Les cols de Caprunale et de Guagnerola permettaient de regagner le Niolu en été et de revenir à la « plage » en automne au cours d'une double transhumance qui a perduré jusqu'au milieu du XXe siècle. L'enclavement du bassin niolin au cœur de la montagne corse rendait ces déplacements indispensables pour un peuple de pasteurs. Certes la Bocca à u Portellu permet de gagner le val d'Ascu par la haute Cavichja, mais le passage mal commode était sans doute moins fréquenté.

Sur le plan géologique le bassin-versant du Fangu *(sensu stricto)* est constitué pour 2/3 de roches volcaniques (en rive gauche du Fangu et à l'est de Montestremu) et pour le 1/3 restant de granitoïdes, de roches sédimentaires et de roches métamorphiques (rive droite du Fangu et en particulier vallée de Marzulinu).
Dans le détail, des schistes, des grès et des conglomérats sont présents au nord de Galeria et en rive droite du Fangu dans le secteur de Chjumi. Ils sont surmontés par un petit lambeau calcaire dans la zone de la tour ruinée de Maraghju (calcaire de Capitellu). Celui-ci ayant fourni des fossiles, un âge dévonien (primaire) a pu lui être attribué.
Notons que ces roches datées de près de 400 millions d'années (Ma) ne sont pas les plus vieilles de Corse. On connaît, en limite nord du bassin-versant, dans le secteur de Capu Russellu-Monte Martinu, des schistes et des conglomérats encore plus vieux reposant sur des roches métamorphiques qui pourraient représenter les plus vieilles roches insulaires.

Entre Mansu et Montestremu, sur une superficie d'environ 10 km², affleure une roche voisine des granites. Il s'agit d'une granodiorite caractérisée par la présence de trois minéraux clairs : le quartz et deux feldspaths (potassique et calco-sodique) et deux minéraux sombres : un mica noir (biotite) et une amphibole. Cette roche intrusive dans les schistes dévoniens leur est donc postérieure par application du principe de recoupement. D'autres granites plus récents existent à l'est de Montestremu.

Les rhyolites ignimbritiques dominent sur les deux autres tiers du bassin-versant. Il s'agit de roches volcaniques qui se sont mises en place au cours de deux cycles volcaniques, au début et à la fin du Permien, la dernière période de l'ère primaire. P.-J. Vellutini a mis en évidence plusieurs séries ignimbritiques que l'on peut distinguer par leur couleur (verte, rouge, violette, noire) ou par d'autres caractères, en particulier la présence ou l'absence d'enclaves de nature variée arrachées aux terrains traversés par le magma lors de son ascension vers la surface.
Un réseau filonien important, représenté en majorité par des rhyolites et des microgranites, recoupe la plupart des formations géologiques. Ces filons sont considérés comme représentant les anciennes cheminées d'alimentation reliant les chambres magmatiques à la surface.

En résumé, le bassin-versant du Fangu contient à la fois : les plus anciens terrains de l'île (les roches métamorphiques); des roches volcaniques de la deuxième époque du Primaire (rhyolite ignimbritique); des roches sédimentaires (grès, schistes et calcaire); des roches magmatiques plutoniques (granodiorite, granite).
L'étude des relations entre ces diverses formations permet de proposer un calendrier des phénomènes géologiques successifs de l'ère primaire. Autrement dit, outre la beauté de ses paysages, la vallée du Fangu fournit la clef pour comprendre la formation puis la mise en place des premiers terrains insulaires

Alain Gauthier

ci-contre, Paysage de la partie supérieure du Fangu (Cliché M. C. Weiss)
page suivante, des roches aux formes étonnantes (Cliché Alain Gauthier)

Le Climat

Le climat est typiquement méditerranéen avec un été chaud et sec et un hiver frais et pluvieux. Le mois le plus chaud est juillet ou août et le plus frais, février (24°3 et 6°2 de température moyenne en août et février à Galeria en 1993). Le maximum des précipitations a lieu en automne (octobre et novembre) et au printemps (mars et avril).

Mais ce qui est remarquable dans la vallée, c'est le fort gradient climatique de la mer à la montagne. Les températures diminuent avec l'altitude. Les moyennes annuelles vont de 15°8 en bord de mer à 14°5 à Piriu (200 m, 9 km de la mer), et à 1 040 m à Aïtone, dans la vallée voisine de Portu, elles chutent à 9°2. Les données manquent au-dessus de 1 000 m, mais la présence de la neige en hiver, qui subsiste jusqu'au printemps au-dessus de 1 500 m, montre bien qu'au-dessus de cette altitude le climat devient franchement montagnard.

Il pleut plus souvent et plus abondamment en montagne qu'en plaine, ce qui est général en Corse, mais le phénomène est accentué dans la vallée du Fangu où une véritable muraille rocheuse bloque les nuages venant de l'Ouest. La moyenne annuelle des précipitations passe de 760 mm en bord de mer à Galeria, à 820 mm à Piriu (alt. = 200 m) et 1 030 mm à Montestremu (alt. = 335 m, au pied de la barrière rocheuse), mais dans la vallée voisine de Portu, le poste d'Aïtone, à 1 040 m d'altitude, reçoit 1 460 mm. La pluviométrie sur les crêtes est voisine de 2 m d'eau par an.

Les pluies sont souvent intenses mais il est rare qu'elles s'étalent sur de longues périodes : le soleil revient généralement au bout d'un ou deux jours. En été, les pluies d'orages peuvent être violentes, surtout en montagne, et peuvent générer des crues soudaines dans la basse vallée.

Les vents de secteur ouest sont les plus fréquents et les plus forts en Corse : de SW à NW. Mais du fait de l'orientation de la vallée et de son encaissement, les coups de vents sont beaucoup moins violents qu'en Balagne, entre Calvi et l'Ostriconi. Les vents de secteur est sont aussi considérablement amoindris par la barrière rocheuse qui ferme la vallée.

Les études scientifiques menées dans la vallée du Fangu sur l'eau et l'atmosphère

La faible occupation humaine de la vallée et son éloignement de toute source de pollution industrielle font qu'elle constitue un excellent observatoire des processus biogéochimiques naturels et de la qualité globale de l'air en Méditerranée occidentale. Divers programmes de recherche scientifique y ont été conduits, visant à quantifier les apports atmosphériques, leur évolution au cours de la dernière décade, ainsi que leur impact géochimique et écologique.

ci-dessous, diagramme des précipitations en 1993

En été, une brise de terre *(u radiese)* rafraîchit la haute vallée, tandis que la brise de mer *(u marinu)* tempère les chaleurs de la basse vallée.

Conseils : toujours regarder vers la montagne en été lorsque l'on se baigne dans la rivière : s'il pleut en montagne, le niveau de l'eau peut monter brusquement de 1 ou 2 m le courant devenant très violent ! D'ailleurs, depuis toujours, les parents de la vallée mettent en garde leurs enfants et leur demandent de ne pas aller se baigner à la rivière lorsque la montagne est sous la pluie

Marie-Dominique Loÿe-Pilot

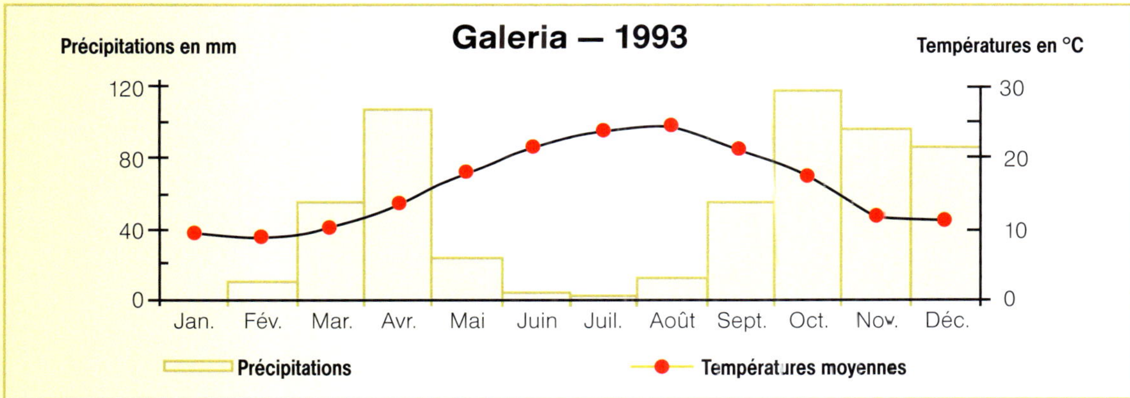

Impact écologique des apports atmosphériques

Outre leur contribution majeure à la chimie des rivières, les apports atmosphériques jouent un rôle fertilisant pour les sols et la végétation. Les apports en provenance d'Europe ont un effet bénéfique en fournissant de l'azote ; les poussières sahariennes proposent aux sols pauvres de la vallée des limons fins et des argiles, et, par le calcaire qu'elles renferment, neutralisent l'acidité des pluies et des humus et procurent du calcium. Au site de Piriu, dans la moyenne vallée, l'atmosphère donne aux sols et à la végétation environ 9 kg/ha/an d'azote, autant de soufre, 15 de calcium, 8 de magnésium et 2.5 de potassium.

Le réseau hydrographique et les peuplements piscicoles

Le Fangu est un fleuve côtier de type torrentiel qui dévale en quelques kilomètres le versant ouest du massif du Cintu, véritable muraille dominée par la silhouette de la Paglia Orba.

Son régime hydrologique est calqué sur l'irrégularité, l'abondance et la brutalité des précipitations à caractère méditerranéen. Le ruissellement sur le substratum rhyolitique imperméable et très pentu, principale source d'alimentation du réseau hydrographique, provoque des crues soudaines et de forte intensité. À l'inverse, les étiages sont sévères et corrélés à la pénurie estivale d'eau atmosphérique.

L'eau limpide et cristalline du Fangu (Cliché Michel Claude Weiss)

Le profil de la rivière est en pleine évolution : le Fangu et ses affluents érodent et transportent sans cesse les matériaux arrachés à la montagne. Cette caractéristique hydrodynamique essentielle conditionne toute la vie aquatique. Une simple lecture du paysage, permet notamment de remarquer l'absence d'une ripisylve continue d'aulnes sur les rives du cours inférieur, décapées et mises à nues par l'action répétée des crues. De même, on appréciera dans la plaine alluviale la formidable accumulation de blocs et de galets roulés, témoignant de la puissance de transport du fleuve.

L'eau limpide et cristalline conserve, au contact des terrains du bassin-versant, acides et peu solubles, une faible minéralisation et sa composition est proche de celle des eaux de pluie. La carence en éléments minéraux et organiques dissous constitue un élément limitant pour le développement de la flore et de la faune aquatiques, et un contexte peu favorable à une bonne productivité piscicole.

L'absence d'agriculture et d'industrie ainsi que la faible densité de population du bassin-versant concourent à la qualité exceptionnelle de l'eau.

La rivière n'en demeure pas moins un milieu vulnérable et fragile, notamment en période estivale lorsque le débit est faible et que la pression des différents

page suivante,
Cours moyen du Fangu
(Cliché Alain Gauthier)

ci-contre, truite macrostigma (Cliché Programme Life)
ci-dessous, blennie fluviale mâle vue de profil (Cliché DIREN)

usagers devient trop importante. Les impacts cumulés des prélèvements d'eau pour l'alimentation en eau potable et pour les usages domestiques, des baignades et de l'habitat implanté le long du fleuve, sont pour le moment sans gravité. Ils traduisent cependant l'amorce d'un processus de dégradation, perçu par les habitants de la vallée comme une atteinte forte à la rivière, qu'il convient de maîtriser.

Sur le plan biologique « l'écosystème Fangu » a l'avantage de rassembler dans un espace relativement limité une typologie de milieux variée et intéressante.

La Truite

Les différentes souches de truite identifiées en Corse par l'étude de marqueurs enzymatiques sont présentes dans le bassin du Fangu. La truite de souche corse est une forme ancestrale endémique, qui correspond probablement à la truite macrostigma décrite au début du siècle dans le bassin méditerranéen. Elle peuple les parties apicales torrentielles du réseau hydrographique, et la haute Cavichja en particulier. La truite de souche méditerranéenne, répandue dans tous les cours moyens et inférieurs des rivières, est localisée dans la zone du piedmont et les affluents de basse altitude, comme le ruisseau de Perticatu. Elle s'hybride avec la souche corse. Enfin, la truite de souche atlantique, issue des piscicultures, est également très présente et témoigne de l'action des pêcheurs qui l'introduisent régulièrement pour repeupler les cours d'eau. Cette pratique est de plus en plus controversée, car éphémère dans le temps. Les études ont montré que les populations sauvages constituaient l'essentiel du peuplement des rivières, et préconisent l'arrêt des introductions pour conserver un patrimoine salmonicole original et remarquable adapté aux conditions du milieu.

page précédente,
la rivière, un milieu vulnérable et fragile
(Cliché Alain Gauthier)

La Blennie fluviale

Espèce de petit poisson trapu dont la taille n'excède pas 10 cm. Le corps n'est pas recouvert d'écailles et la peau a une couleur sombre marbrée de rayures et taches claires. La blennie fluviale porte une longue nageoire dorsale qui s'étire pratiquement de la tête jusqu'à la queue. Les individus vivent dans les interstices du substrat formés entre les galets et les blocs, dans les zones de courant vif

Bernard Roché †

La végétation

Quand on étudie l'histoire de la végétation dans le bassin méditerranéen, la fin de la dernière glaciation (18 000 BP*) reste une date majeure dans la structuration des peuplements végétaux dans le paysage. En Corse, à cette période, les glaciers descendaient relativement bas. La végétation devait alors se cantonner dans des zones dites « refuges » (Gamisans 1991). Puis, le climat s'est réchauffé et la végétation a colonisé lentement le milieu à partir de ces îlots. Cette séquence, jusqu'à nos jours, est retranscrite dans la vallée du Fangu par deux méthodes complémentaires : la palynologie et la pédoanthracologie. Nos connaissances actuelles montrent que la forêt réagit lentement aux modifications climatiques mais beaucoup plus rapidement aux perturbations humaines.

Bouquet de pivoine (Cliché PNRC)

Depuis la dernière glaciation jusque vers 8 000 B.P., le réchauffement a été lent et seule une végétation steppique à Artemesia et pelouses dominait. Par la suite, la remontée des températures a permis aux forêts de se développer. Dans un premier temps (8 000 - 4 700 B.P.), le pin laricio (*Pinus nigra subsp. laricio*) et la bruyère arborescente (*Erica arborea*) ont colonisé la vallée. Aux alentours de 2 700 ans avant J.-C., l'agriculture néolithique connaît un essor certain (culture des céréales). Les hommes pratiquent l'écobuage et incendient les forêts de pins. C'est à la faveur de ces incendies que le chêne vert se serait étendu dans la vallée, il y a 1 500 ans seulement. Depuis, il a fourni aux populations une ressource importante : charbon de bois à l'exportation, glands et feuilles pour le bétail.

La vallée s'étend du bord de mer jusqu'à 2 500 m d'altitude traversant plusieurs étages de végétation sur une vingtaine de kilomètres seulement. La végétation de la vallée est exceptionnelle à plusieurs égards.

La zone littorale

La plage de Ricciniccia est un large cordon de galets bien étudié par G. Paradis et C. Piazza (1995). À noter la présence d'Euphorbia peplis et d'arméria de

* Avant le présent, soit avant 1950

ci-dessous, sous-bois dans la forêt de Perticatu (Cliché M. C. Weiss)

en bas, de gauche à droite, branche de romarin et Erodium corsicum (Clichés Alain Gauthier)

Soleirol (*Ameria soleirolii*) qui sont des plantes protégées. En arrière-plage, il est rare de trouver une formation forestière comme le taillis de chêne vert présent sur la partie de galets. Derrière celui-ci, l'aulnaie s'étend sur une superficie d'une quinzaine d'hectares et reste un domaine quasiment impénétrable. Elle est d'une grande valeur patrimoniale avec des aulnes glutineux (*Alnus glutinosa*), saules pourpres (*Salix purpurea*) et cendrés (*S. cinerea*), lauriers (*Laurus nobilis*) et de beaux touradons d'osmonde royale (*Osmonda regalis*) qui lui confèrent une ambiance très particulière.

Les maquis, la forêt et le feu

Comme leurs ancêtres, les habitants de la vallée ont continué à modifier la végétation depuis une cinquantaine d'années. Cependant, les feux sont cantonnés dans le bas de la vallée qui est couvert de maquis. L'incendie, qu'il soit criminel ou accidentel, reste un fléau pour la forêt. Les peuplements de chênes verts qui croissent en ubac (exposition nord), ont été préservés par les hommes car ils leur apportaient un moyen de subsistance pour l'alimentation du bétail. Ils ont été volontairement protégés, et aujourd'hui la vallée du Fangu a été classée réserve de la biosphère en grande partie pour l'âge avancé de ces chênes verts.

page suivante, végétation de l'étage montagnard (Cliché A. Gauthier)

La végétation plus en altitude

Au-dessus des hameaux de la vallée, on peut apercevoir quelques châtaigniers (*Castanea sativa*) qui ont certainement aidé les Niolins à se sédentariser. Vers 800-900 mètres, on change d'étage de végétation et c'est dans cette limite que l'on rencontre les plus gros arbres du maquis haut (arbousier de 60, filaria de 40 cm de diamètre...). Après 1 000 mètres, il reste de rares éléments de l'ancienne forêt à ifs (*Taxus baccata*) et houx (*Ilex aquifolium*) tant méprisés par les bergers qui avaient tendance à les éliminer systématiquement à cause de la toxicité de leurs baies pour le bétail. En estive, on rencontre les plus grandes étendues de pivoines (*Paeonia mascula*) en Corse. Plus en altitude, les forêts de pins laricio (*Pinus nigra subsp. laricio*) caractérisent en quelque sorte une absence du hêtre et du sapin expliquée par les caractéristiques de la rhyolite très compacte et peu altérable qui empêcherait tout simplement la présence de ces autres espèces

Christophe Panaïotis

Les différents maquis

Le maquis haut

À l'origine, le maquis (ou *machja* en Corse) désignait une « tache » dans le paysage. C'est aussi là où les bandits pouvaient se cacher. Moins poétiques, les botanistes placent le maquis comme un stade de régression par rapport à un stade supérieur qui serait la forêt sur sol siliceux. Après incendie d'une belle forêt de chênes verts, on obtient un maquis « haut » composé des trois essences principales : la bruyère arborescente (*Erica arborea, a scopa maschile*), l'arbousier (*Arbutus unedo, u arbitru*) et le filaria (*Phillyrea latifolia, u litarnu*). Leur bois fournit un excellent charbon qui était, dans le Fangu, exporté jusque vers le milieu du XXe siècle.

Le maquis bas

Les incendies successifs du maquis haut font régresser la dynamique de la végétation vers le stade de régression suivant qui est le maquis « bas ». Sous ce terme on désigne principalement la cistaie composée de deux cistes à fleurs blanches : de Montpellier (*Cistus monspeliensis*) et à feuilles de sauge (*C. salviifolius*), et du ciste à fleurs roses : de Crête (*C. creticus*). De nombreuses plantes aromatiques qui font « que le maquis à une odeur si particulière au printemps », sont aussi des composantes de ce maquis bas : l'immortelle d'Italie (*Hellichrysum italicum*), le glutineux (*Stacchys glutinosa*), le myrte (*Myrtus communis*), le pistachier ou lentisque (*Pistachia lentiscus*) plus en altitude.

(Cliché Alain Gauthier)

Les espèces animales

En Corse, le peuplement actuel de mammifères sauvages terrestres est relativement pauvre : 17 ou 18 espèces contre plus de 65 sur la totalité du territoire français. Cela s'explique par l'insularité et la difficulté de colonisation naturelle compte tenu des distances et des courants marins. En fait, les espèces terrestres actuellement présentes en Corse et dans le Fangu proviennent soit de l'introduction volontaire par l'homme dans un but cynégétique (lièvre, renard ?) ou spirituel (hérisson ?), soit d'immigration clandestine par les bateaux (musaraignes, rongeurs, belettes ?), soit par le retour à l'état sauvage (marronnage) d'espèces domestiques (mouflon et peut-être sanglier). C'est donc un mammifère humain qui a façonné le peuplement des mammifères sauvages terrestres. Les autres se sont débrouillés seuls. Les mammifères marins (phoque moine, grand dauphin, Rorqual commun...) ont été observés dans la baie de Galeria et les 16 espèces de chauves-souris ont pu coloniser la vallée depuis le continent.

Jeune mouflon mâle (Cliché PNRC)

Plusieurs mammifères autrefois présents dans la vallée ont disparu : l'ours brun a été signalé dans un texte des moines d'un couvent du Fangu au XVIIIe siècle. Il devait provenir d'animaux échappés de cirques ambulants. Une vingtaine de phoques moines venaient encore se reposer sur la plage de Galeria en 1930. Le dernier a été abattu par les pêcheurs en 1969 à Scandula. Au XIXe siècle, le cerf de Corse, une sous-espèce plus petite que sur le continent, existait encore dans le Falasorma et le Niolu avant de s'éteindre en 1910 sous les balles des braconniers. Le Parc travaille aujourd'hui à sa réintroduction.

Comment peut-on observer les mammifères sauvages du Fangu ? Avec une bonne paire de jumelles, on pourra chercher les mouflons en montagne pendant l'été et plus bas dès l'apparition de la neige. Sur le sentier du col de Caprunale, il n'est pas rare d'en faire fuir quelques individus. Les sangliers se déplacent beaucoup et il n'est pas toujours facile de les voir. On peut chercher à les surprendre à l'aube ou

au crépuscule près des sources de nourriture (dépôts d'ordures, champs cultivés, raisins, arbres fruitiers...), et jusqu'en altitude dans les fourrés d'aulnes verts.

Le hérisson est un insectivore nocturne habitué des jardins et fréquentant les zones de basse altitude de la vallée. Dans cet environnement, on peut également surprendre le rat noir dans les maisons ou les ruines, le loir, le lérot et la souris grise. Il est également possible de les éclairer la nuit avec une lampe quand ils sortent de leurs nids pour grappiller leur nourriture.

Dans le maquis, les mulots sylvestres sont peu farouches et viennent aisément à portée de main, attirés par un morceau de fromage. Les rats noirs font des nids en boule dans les buissons, et le loir se distingue par son cri caractéristique pendant les nuits d'été.

Si la belette, beaucoup plus grande que celle du continent, apparaît facilement pendant le jour sur les dunes de la côte ou les alentours des campings et des refuges, le renard et les chauves-souris sont plutôt nocturnes. On pourra les remarquer le soir près de la rivière et des plans d'eau. Les scientifiques ont pu capturer au filet une dizaine d'espèces de chauves-souris au-dessus du delta du Fangu et au col de Caprunale. Certaines comme le Murin de Daubenton colonisent les dessous des ponts, d'autres nichent le jour dans les fentes des falaises (Molosse de

ci-dessous de haut en bas le Lérot, le Hérisson et le sanglier (Clichés PNRC)

Cestoni, Vespère de Savi), les bâtiments occupés ou en ruine (Rhinolophes, Pipistrelles) et les arbres creux (Noctule de Leisler...). On a trouvé plusieurs espèces rares dans la vallée (Murin de Capaccini, Grand Murin, Barbastelle...) et des comptages annuels ont révélé la présence de plus de 500 petits Rhinolophes dans une trentaine de caves, mines, greniers, soit autant que dans tout le Benelux. La présence d'une telle diversité signifie que l'écosystème est encore peu pollué, riche en insectes et nous garantit une grande qualité du milieu naturel

JEAN-FRANÇOIS NOBLET

en haut. la Musaraigne (Cliché PNRC)

au centre. le renard (Cliché PNRC)

page suivante. le Mouflon (Cliché PNRC)

Les Chauves-souris de la vallée du Fangu

16 espèces sur les 20 de Corse sont présentes ici, soit autant que dans la plupart des départements français : Grand Rhinolophe, Petit Rhinolophe, Murin de Capaccini, Murin de Daubenton, Murin à oreilles échancrées, Murin de Natterer, Grand Murin, Sérotine commune, Noctule de Leisler, Pipistrelle commune, Pipistrelle de Kuhl, Vespère de Savi, Barbastelle, Oreillard méridional, Miniоptère, Molosse de Cestoni.

Noctule de leisler (Cliché PNRC)

Les reptiles amphibiens

La quasi-totalité des reptiles amphibiens de Corse a été observée dans la vallée du Fangu qui reste l'une des régions les plus prospectées par les naturalistes. L'insularité réduit le nombre des espèces et produit, suite à l'isolement génétique, l'émergence de sous-espèces ou d'espèces endémiques. Ainsi, les serpents ne comptent que deux couleuvres inoffensives et l'euprocte corse ne se rencontre que sur cette île. La baie de Galeria a été le lieu d'observation de tortues marines, généralement pêchées accidentellement. On cite plusieurs cas pour la tortue caouanne et il existe une photo d'une tortue luth de 300 kg capturée dans les années 1935-1945.

L'euprocte Corse (Cliché PNRC)

Trois espèces peuvent se rencontrer un peu partout dans la vallée. Le lézard Tiliguerta, l'équivalent du lézard des murailles sur le continent, peut atteindre des densités importantes – 40 à 60 individus à l'hectare sur la côte rocheuse près de Galeria et 700 à 800 individus à l'hectare dans les parties rocheuses de la forêt relictuelle de chêne vert de Caprunale (Delaugerre et Cheylan 1992). Si vous pique-niquez au col de Caprunale en été vous verrez ces lézards venir tout près de vous, attirés par les restes de votre repas. Ils viennent presque dans la main dérober une miette de poulet rôti ou un morceau de fruit.

Si la première espèce est terrestre, la seconde est aquatique pendant sa période de reproduction. L'euprocte de Corse, en effet, s'abrite dans le sol aux abords des cours d'eau claire, non vaseux et au courant faible pendant l'hibernation et l'estivage. Il pond ses œufs à la belle saison sous une pierre dans l'eau et les larves y grandiront. La troisième espèce est le plus grand serpent de Corse, la couleuvre verte et jaune qui habite le maquis jusqu'à 1 700 m.

Le delta du Fangu abrite une bonne population de tortues d'eau douce ; il s'agit de la cistude. Vous pourrez la surprendre avec une paire de jumelles sur une souche au bord de l'eau. Si vous approchez, elle plongera pour se cacher.

Le soir, en été, vous entendrez chanter la rainette verte de Sardaigne et le crapaud vert. Bizarrement, la

ci-dessous, la Couleuvre (Cliché PNRC)

en bas, le lézard Corse (Cliché PNRC)

rainette se rencontre en abondance dans les moindres flaques jusqu'à 700 m d'altitude et beaucoup plus haut en montagne, de 1300 à 1800 m. Entre les deux, elle est peu observée. Cette petite grenouille aux pattes munies de ventouses peut prendre des couleurs étonnantes qui varient selon le substrat sur lequel elle repose et la météo (hygrométrie, luminosité, température). Elle peut passer du vert clair au brun roux. Près de la tour génoise et sur l'arrière-plage, on peut également voir le magnifique lézard sicilien, à la livrée verte et blanche.

Toujours près de l'eau vivent plusieurs espèces d'amphibiens : la grenouille verte et le discoglosse dont les places dans la systématique ne sont pas encore totalement fixées. En effet, le discoglosse de Corse n'a été identifié que depuis 1984. Auparavant, il était confondu avec le discoglosse sarde. Si le premier est connu dans la vallée, on a encore du mal à savoir à quelle espèce appartient ce petit crapaud au museau pointu, omniprésent dans tous les torrents de la région.

La salamandre de Corse, sous-espèce de la salamandre tachetée du continent à la tenue noire et jaune, se rencontre plutôt dans la partie supérieure de la vallée à partir de 400 m. Elle se reproduit dans les points d'eau frais, oligotrophes.

La couleuvre à collier qui peut monter jusqu'à 1 400 m se régale de têtards et de grenouilles. Pour voir un lézard de Bedriaga, ou lézard de montagne, il faut monter au refuge de Puscaghja. Une belle population s'est établie sur ses murs de pierre et se prête volontiers à la photo. Il est plus difficile d'observer la série de geckos, lézards nocturnes dont on connaît trois espèces dans la vallée : la Tarente assez commune qu'on peut trouver près des lampadaires dans les villages où elle chasse les insectes attirés par la lumière, le phyllodactyle et l'hémidactyle, plus rares.

La vallée héberge encore une espèce discrète : l'algyroïde de Fitzinger. C'est un lézard sombre, au ventre orange qui s'enfuit rapidement sous les feuilles sèches dès qu'on s'approche. Ainsi, que vous soyez sur la plage en train de lézarder, de faire la grenouille dans les vasques du Fangu ou de ramper sur les hauteurs du Caprunale, vous aurez toujours la chance de découvrir une faune étrange, souvent colorée et dont les charmes sont insoupçonnés

Jean-François Noblet

Les oiseaux

Chaque saison modifie le peuplement de l'avifaune du Fangu et renouvelle le plaisir de l'ornithologie.
En hiver, les oiseaux migrateurs sont partis mais ils sont partiellement remplacés par d'autres espèces qui descendent de la montagne ou du continent (grives, bouscarle de Cetti...). La Corse est une étape indispensable lors de la migration d'automne ou de printemps pour de nombreuses espèces. On en profitera pour aller surprendre limicoles ou hérons qui peuvent s'arrêter au delta du Fangu. Mais c'est à partir d'avril et jusqu'en septembre que la vallée résonnera des multiples chants des oiseaux nicheurs. Ils sont cantonnés sur leur territoire et chacun s'adapte à son milieu naturel de prédilection. Aussi, pour bien les découvrir, il convient de se balader, sans bruit, si possible avant les grandes chaleurs du milieu de journée dans les différents écosystèmes. Pour la vallée on peut en distinguer sommairement six :

Petit gravelot (Cliché PNRC)

– **1.** Le delta, terrain de 117 ha acquis par le Conservatoire de l'Espace Littoral et des Rivages Lacustres, est une zone d'intérêt majeur pour la faune. Le petit gravelot niche sur les plages caillouteuses. Si on s'approche du nid, la femelle fuit en laissant pendre une aile, imitant un oiseau blessé. Ainsi, elle attire l'intrus loin de ses œufs. Il convient alors de s'éloigner, sans risquer d'écraser les œufs au sol et d'observer de loin à la jumelle. Au printemps, héron pourpré, cendré, bihoreau, aigrette garzette, chevalier culblanc s'arrêtent en migration. Tout l'été, le balbuzard et les goélands leucophées viennent se baigner en eau douce ou pêcher. La bouscarle de Cetti installe son nid dans la végétation des berges. Le soir, les hirondelles de cheminée, de fenêtre, les martinets noirs, pâles, à ventre blanc plongent au ras de l'eau pour se désaltérer.

– **2.** La rivière du Fangu est classée zone naturelle d'intérêt écologique, faunistique et floristique. La bergeronnette des ruisseaux et le cincle plongeur s'y nourrissent d'invertébrés aquatiques et construisent leur nid dans une cavité des berges ou des ponts. Depuis quelques années, l'hirondelle rousseline fréquente régulièrement les dessous de pont où elle accroche son nid de boue

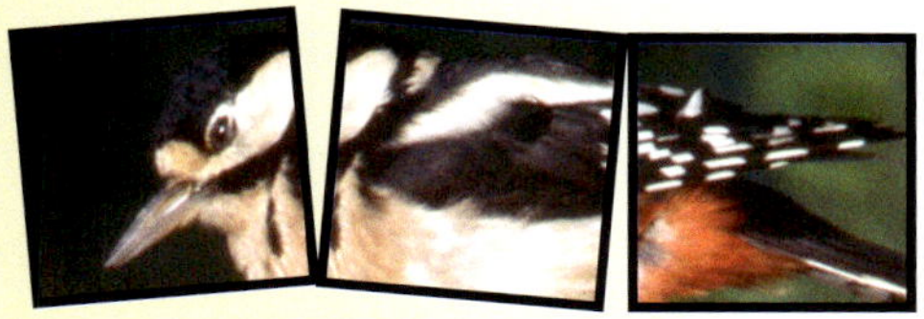

ci-dessous, Le balbuzard (Cliché Michel Claude Weiss)

et, de g à droite, le chardonneret et le bruant zizi (Clichés PNRC)

séchée. Irrégulièrement, le guêpier d'Europe creuse le sien dans les berges sableuses de la rivière.

– 3. La forêt domaniale de chênes verts du Fangu est gérée par l'Office National des Forêts. On y trouve une avifaune forestière plus traditionnelle. Les mésanges noires, bleues, la mésange à longue queue, le geai, le pic épeiche, le pinson des arbres, le roitelet triple bandeau y nichent. L'autour des palombes, un prédateur rare en Corse, s'y reproduit.

– 4. Les villages et les bâtiments abandonnés ou inoccupés par l'homme constituent un biotope recherché par de nombreuses espèces attirées par les points d'eau, la nourriture disponible ou les possibilités de gîte. Le martinet noir, le rouge-queue noir, l'hirondelle de fenêtre, le gobe-mouches gris colonisent les façades, les trous de mur. Les chardonnerets nichent dans les tonnelles et les rapaces nocturnes dans les greniers sombres (chouette effraie, petit duc scops).

– 5. Si on monte en montagne, on découvrira de vastes espaces et leurs grands rapaces. Au col du Caprunale, il n'est pas rare de surprendre aigle royal, gypaète barbu, faucon pèlerin. Le grand corbeau viendra grappiller vos reliefs de pique-nique et la sittelle corse, espèce endémique, pourra être observée sur le tronc des grands pins.

– 6. Le reste du paysage consiste souvent en un maquis composé d'une végétation atteignant différents stades où l'on a du mal à distinguer les petits passereaux qui s'y cachent. Près de la côte, le maquis bas héberge pipit rousseline, tarier pâtre, la fauvette sarde.

ci-dessous, Le merle Noir (Cliché PNRC)

Les maquis buissonnants sont colonisés par les fauvettes mélanocéphales au chant caractéristique, passerinettes, les pies-grièches, le troglodyte ou le rouge-gorge, le merle, le bruant zizi et les perdrix rouges.

Ainsi, l'amoureux des oiseaux trouvera son bonheur dans cette vallée riche où le spectacle est toujours au rendez-vous, que ce soit la foule de petits oiseaux qui viennent boire ou se baigner dans une fontaine discrète pendant la canicule ou les compagnies de perdreaux qui picorent autour des anciens jardins. Il suffit, pour en découvrir le charme, de se promener sans bruit et d'ouvrir ses oreilles et ses yeux ■

JEAN-FRANÇOIS NOBLET

Les mésanges

Le programme développé par le CNRS de Montpellier depuis 30 ans dans la Réserve de Biosphère du Fangu s'efforce d'analyser les mécanismes par lesquels les populations de mésanges s'adaptent aux particularités de l'environnement méditerranéen. Les paysages forestiers méditerranéens sont souvent des mosaïques de bois de chêne vert et de bois de chêne pubescent. Or la biologie de ces deux arbres diffère par une activité printanière du chêne vert retardée de près d'un mois par rapport à celle du chêne pubescent. Ce décalage nécessite donc de la part des oiseaux des adaptations différentes que nous cherchons précisément à comprendre en étendant nos études à d'autres sites de la région de Muro et autour de Montpellier. Cette démarche comparative permet de prévoir comment les organismes répondent aux changements de leurs conditions de vie, donc d'anticiper les conséquences de telle ou telle gestion de l'espace, sans parler des changements climatiques qui se profilent.

Une méthode efficace pour comprendre la biologie de l'oiseau est de se « mettre à sa place » et de prévoir quelles « décisions » il lui faudrait prendre pour réussir sa reproduction. La nature des « décisions » et les conséquences qui en découlent sont analysées dans le cadre de recherches qui portent sur la démographie, la dynamique des populations, la génétique, l'étude du comportement et la physiologie des mésanges. Un aspect remarquable et longtemps insoupçonné des populations est l'énorme variation que présentent les individus dans leurs comportements et le petit nombre d'individus réellement performants. Ce sont ceux-là dont nous cherchons à comprendre la biologie.

La mésange bleue est très abondante dans la plupart des forêts où elle se nourrit au printemps de chenilles défoliatrices de chênes. Comme les nouvelles feuilles se développent beaucoup plus tôt chez le chêne pubescent que chez le chêne vert, l'apparition printanière des chenilles est également plus précoce dans les bois de chêne pubescent que dans les bois de chêne vert. Dans la vallée du Fangu, les mésanges pondent en mai, produisent en moyenne 6 œufs et élèvent leurs jeunes qui restent trois semaines au nid. L'époque d'émancipation

Mésange Noire (Cliché PNRC)

ci-dessous, Mésange bleue truchet (Cliché J. Blondel)

est très dangereuse pour les jeunes oiseaux inexpérimentés qui sont vulnérables aux prédateurs, notamment le geai. La forêt de chêne vert est peu productive en chenilles, ce qui explique une faible fécondité, heureusement compensée par une durée de vie adulte relativement élevée. La mortalité des jeunes mésanges est considérable (plus de deux sur trois), mais celles qui passent le cap de la première année ont une espérance de vie de l'ordre de trois ans, certains individus vivant bien davantage, le record étant de onze ans. En moyenne la survie adulte est de 50 %, ce qui fait que la moitié de la population est renouvelée chaque année par des jeunes nés l'année précédente.

La mésange bleue est socialement monogame, chaque nichoir n'étant habité que par un couple dont les deux partenaires nourrissent leurs jeunes à part égale au rythme moyen de quatre apports de nourriture par poussin et par heure, ce qui fait qu'une journée de travail comporte quelque 600 à 700 allées et venues entre le nichoir et les sites d'alimentation. Mais des études de génétique ont révélé qu'une proportion non négligeable des jeunes est en réalité issue d'un autre père que leur « père social ». On a aussi appris que les taux de divorce sont élevés dans la forêt du Fangu, probablement parce que les femelles cherchent à améliorer leur succès de reproduction en choisissant un meilleur partenaire et/ou un meilleur territoire.

L'un des enseignements de ces recherches est d'avoir découvert combien la marge est étroite entre le succès et l'échec, cette marge étant fonction de la pertinence des décisions prises par l'oiseau, notamment quant à la date de ponte. Les oiseaux qui réussissent le mieux sont ceux qui synchronisent au mieux leur reproduction avec l'offre alimentaire. Des mesures de la quantité d'énergie dépensée par une mésange pour alimenter ses jeunes ont révélé le coût exorbitant d'un défaut de synchronisme entre l'offre et la demande. Les oiseaux mal synchronisés n'ont aucune chance de produire des jeunes viables et leur propre survie peut être sérieusement hypothéquée.

Ce programme sur les mésanges, mené en concertation avec l'ONF, s'efforce d'améliorer la connaissance du fonctionnement des populations dans les paysages méditerranéens hétérogènes et fragmentés. Son but est de parvenir à un niveau de généralisation suffisant pour être utilisable pour la gestion des espaces et des espèces dans un objectif d'optimisation de la diversité biologique, fondement d'un développement durable

Jacques Blondel

Les insectes

Les insectes représentent actuellement plus des ¾ des espèces animales connues dans le monde, et de nouvelles espèces sont découvertes chaque jour. Ils ont colonisé tous les milieux terrestres et d'eaux douces, et montrent une grande diversité fonctionnelle. Ils interviennent dans tous les grands processus de la vie (recyclage de la matière organique, pollinisation, prédation, parasitisme, etc.). Utiles ou au contraire antagonistes de l'Homme, invasifs ou au contraire menacés d'extinction, ils sont omniprésents.

Charaxes jasius septentrionalis, dit « Pacha à deux queues » (Cliché ©Vincent Ruiz, Fonds arobase. fr)

Les insectes de la vallée du Fangu font l'objet d'études scientifiques depuis 1991. Les travaux réalisés s'appuient sur la prospection de stations à l'aide de pièges. L'expérimentation a porté sur douze stations, pour un total de 168 jours de piégeage. Plus de 200 000 Arthropodes (insectes et araignées) ont été récoltés et triés depuis 1991.

Ces travaux sont sous-tendus par l'hypothèse qu'en milieu forestier, il existe des strates d'insectes liées aux strates de végétation. Nos pièges ont donc été placés à différentes hauteurs, du sol à la partie la plus haute du houppier des arbres, soit de 0 à 14 m, grâce à un système de poulies. Cette approche originale a donné l'occasion de mettre en évidence une répartition stratifiée des insectes, corrélée avec la densité de végétation : plus la végétation d'une strate est dense, plus nos pièges y capturent d'insectes. Toutefois, la présence ou l'absence de tel ou tel végétal ne suffit pas à conditionner la structure du peuplement d'insectes d'une station. La complexité morphologique de la végétation, sa structure globale, son architecture, jouent également un rôle important, comme cela a déjà été démontré pour les oiseaux par exemple.

Il faut également noter que les trois principaux ordres d'insectes étudiés (Diptères, Coléoptères et Hyménoptères) montrent tous

ci-dessous, Calopteryx virgo (Calopteryx vierge) (Cliché ©Vincent Ruiz, Fonds arobase. fr)

ci-dessous, Papilio hospiton, dit « Porte-Queue de Corse », endémique cyrno-sarde protégé au niveau national en France. Papillon butinant une fleur de trèfle. (Cliché ©Vincent Ruiz, Fonds arobase. fr)

une répartition verticale qui leur est propre et qui évolue au cours du temps : peu marquée quand les conditions météorologiques sont défavorables, au début du printemps, elle s'installe et devient très nette pendant la « bonne » saison.

Les recherches faunistiques ont permis de réaliser un inventaire entomologique, en collaboration avec un réseau international de systématiciens, qui met en évidence le grand intérêt de la vallée du Fangu : 477 espèces sont recensées, dont 24 endémiques, 49 espèces nouvelles pour la faune de la Corse et probablement 7 espèces et 1 genre nouveaux pour la science qui sont en cours de description. Certaines espèces sont endémiques, comme le papillon Papilio hospiton, ou encore le coléoptère Cicindela corsicana, d'autres simplement très belles, comme les papillons Charaxes jasius et Danaus chrysippus

Marie-Cécile Andrei-Ruiz

La Paglia Orba vue de l'embouchure du Fangu (Cliché Alain Gauthier)

Découvrir les paysages du Fangu

Chapitre III

De là mer à la montagne,

des ambiances diverses

Le Fangu recèle des paysages emblématiques : ses gorges, son delta et sa côte rocheuse. Mais s'en tenir aux paysages bordant « en vitrine » la route départementale 351 qui longe la rive gauche du fleuve serait très restrictif. La vallée du Fangu possède bien d'autres atouts. En effet, barrée au Sud-Est par la chaîne centrale de la Corse cristalline, à proximité immédiate du Monte Cintu (2 706 m), elle débouche à peine à une vingtaine de kilomètres de là, sur la Méditerranée dans le golfe de Galeria.

Cette importante dénivellation est propice au développement d'une diversité de biotopes : depuis la côte à falaise du littoral jusqu'aux milieux rocheux des versants vertigineux de la Grande Barrière, en passant par tous les stades évolutifs du maquis jusqu'à la forêt d'yeuse, qui recouvre l'essentiel du versant à « l'umbria » (ubac).

Voici donc une sélection de quelques paysages du Fangu incontournables pour qui daigne emprunter ses sentiers.

Paglia orba et Tafunatu (Cliché A. Gauthier)

Le delta du Fangu

Le delta du Fangu constitue l'un des paysages les plus significatifs de la vallée. Après avoir eu un écoulement souterrain depuis plusieurs kilomètres au sein d'une large plaine alluviale, le Fangu resurgit juste avant son embouchure dans le golfe de Galeria où il forme un bras actif de direction Sud-Est/Nord-Ouest. Encadré par des promontoires rocheux qui avancent dans le golfe, le trait de côte est découpé en indentations aiguës dans lesquelles s'engouffrent les vagues. Il contraste avec l'aspect rectiligne du cordon littoral formé par un bourrelet de galets et de sables d'environ 5 m de haut issus de la décomposition de la rhyolite chargée par le fleuve. Le Fangu débouche dans la mer grâce à un petit exutoire, taillé dans la roche au pied de la tour génoise. Il restitue à la mer le trop-plein d'eau douce tout en conservant la continuité du cordon dunaire. Un bras fossile de direction Nord/Nord-Est communique avec le bras

ci-dessous : La vallée du Marzulinu (Cliché PNRC)

actif. Il témoigne des fluctuations du fleuve et du précédent tracé de celui-ci, plus au centre de la plaine vers le Nord. Ce bras, aujourd'hui mort, confère à cet endroit une ambiance marécageuse. Qu'on ne s'y trompe pas, le Fangu retrouve son chenal aérien à la faveur du maximum pluviométrique d'octobre et surtout lors de la fonte des neiges au printemps. Le fleuve emporte alors une partie du cordon littoral qui fait obstacle à son passage.

Ce paysage frappe par son immensité et le point de vue imprenable qu'il offre sur la Grande Barrière : A Muvrella, Punta Minuta, Paglia Orba, Capu Tafunatu, ils sont tous là ! Que de milieux depuis le cordon littoral, les affleurements de rhyolite de la côte rocheuse balayée par les embruns, une pelouse interstitielle composée d'espèces halophiles sur le cordon dunaire, l'arrière-plage bosée d'un taillis de chênes verts, l'aulnaie qui encercle le bras mort du Fangu, la zone

humide où se côtoient les roselières et les joncs, les saules, quelques aulnes, ormes et chênes verts et enfin la plaine alluviale avec ses chenaux anastomosés et sa morphologie constamment remodelée par les crues du Fangu qui bloquent la dynamique de la végétation à un stade de cistaie équienne ! Une vieille oliveraie, au lieu-dit Piana di l'Olmu, traversée par un ancien canal, crée un élément de diversité dans ce paysage. Ailleurs et partout sur les versants qui encadrent le delta, le maquis domine. Qu'il soit bas dans les stations sèches où dominent les cistes, l'immortelle d'Italie, la lavande sauvage et le genêt de Salzmann ou bien plus haut et alors inextricable avec son cortège d'oléastres, de chênes verts, d'arbousiers, de pistachiers lentisques ou de myrtes.

L'élevage extensif de bovins et de porcins constitue la seule activité pratiquée dans le delta avec celle de la chasse, alors que la plage attire les touristes durant la période estivale.

Le delta du Fangu a été acquis par le Conservatoire de l'Espace Littoral et des Rivages Lacustres en 1987. Cent dix-sept hectares sont ainsi soustraits de toute spéculation foncière et immobilière qu'induit le développement touristique du village de Galeria tout proche. La vocation scientifique de ce site est affirmée par les actions envisagées dans le cadre d'un plan de gestion et visant toutes à assurer le maintien de la biodiversité.

La vallée du Marzulinu

La plaine du Marzulinu, allongée du Nord vers le Sud, constitue l'entrée septentrionale du Falasorma par la porte naturelle que forme la Bocca di Marzulinu, à 443 m d'altitude.

Cette dépression concentre les vestiges d'une occupation humaine très importante car c'est l'un des rares endroits, avec la basse plaine du Fangu, où la vigueur de la pente ne s'oppose pas à la mise en valeur agricole. La douceur du relief s'explique ici par le colmatage de la plaine par les produits issus de l'altération du granite tandis que les escarpements rocheux de granites alcalins sont responsables de l'exhaussement de la ligne de crête et du resserrement de la vallée, isolant ainsi le bassin supérieur du Marzulinu. L'importance des éboulis a contraint les bergers originaires de Lozzi, dans le Niolu, à constituer de nombreux tas d'épierrement au milieu des parcelles. C'est pourquoi, aussi, les murets abondent que ce soit pour délimiter le parcellaire, soutenir les terrasses qui se déploient jusqu'à 500 m d'altitude, ou pour encadrer les chemins comme celui qui relie Calenzana à Amacu.

La juxtaposition des formes molles et évasées avec des éléments de relief aigus et l'importance des milieux ouverts et des parcours distinguent ces paysages de ceux de la vallée du Fangu et les rendent très attractifs d'autant qu'ils sont situés sur l'une des principales voies de circulation. Berceau de l'activité agro-pastorale dans le Falasorma en raison de sa topographie favorable, la plaine du Marzulinu a été le siège de plusieurs conflits inter-communautaires. La relative densité des éléments bâtis : école, aires à blé, église en ruine, « pagliaghji », tour défensive, pressoir, murets, terrasses, témoigne de la densité de l'occupation humaine, en particulier au XIXe et au début du XXe siècle. Le hameau de Pieve concentre l'essentiel des habitants de la haute vallée. Un troupeau d'ovins estive encore sur les adrets du Cintu.

page suivante,
Le Fangu, de la mer à la montagne
(Cliché Alain Gauthier)

Les gorges du Fangu

Le Fangu s'encaisse à deux reprises dans la rhyolite aux teintes flamboyantes pour former des gorges étroites.
La première séquence se trouve à la confluence avec le ruisseau de Perticatu jusqu'au hameau de Tuarelli.
La deuxième intervient de part et d'autre du Ponte Vechju, en aval de Tuarelli. Longée par le Tra Mare è Monti, cette dernière apparaît plus accessible en l'état actuel du réseau de chemins dans le Falasorma. Dans ce tronçon, la vallée du Fangu a un tracé sinusoïdal. La rhyolite rouge affleure sous forme de larges dalles qui se développent généreusement dans les parties concaves du lit. Les gorges ainsi constituées sont tout d'abord de faible amplitude (2 m) avant d'atteindre 8 à 10 m de haut au niveau du Ponte Vechju.
Ce site accessible, propice aux activités de baignade en raison de la profondeur des gorges, est l'un des paysages caractéristiques du Fangu, d'autant que le Ponte Vechju est un élément d'architecture assez remarquable. Hormis quelques aulnes glutineux isolés dans les gorges, celles-ci sont prises en étau par le maquis assez haut avec son cortège floristique : lentisque, filaria, genévrier, arbousier, ciste, immortelle et chêne vert. Sur le versant adret, le genévrier aux teintes plus claires domine au sein d'une formation plus basse composée de myrte, de filaria, d'arbousier et de quelques oléastres ou lentisques çà et là. Les affleurements de rhyolite en bande sur le versant de Punta Arnaghjale valorisent considérablement ce paysage apparemment désertique. En effet, l'attrait de ce lieu est validé par le phénomène de privatisation des berges qui se produit sur la rive gauche du fleuve. Ce sont toutes des résidences secondaires relativement bien insérées dans le milieu.

Rhyolite rouge en bordure du Fangu (Cl. A. Gauthier)

Le plateau de Parma et la forêt de Perticatu

En aval de Mansu, on quitte la D. 351 pour emprunter, sur la gauche, la piste forestière de Perticatu qui dessert la maison forestière et le laboratoire d'écologie de Piriu. Cette piste chemine dans la forêt de chênes verts et débouche ensuite sur un vaste col, la Bocca di Melza, qui offre un panorama sur le golfe de Porto. Cette zone de replat généreuse sur cette ligne de crête partout ailleurs très abrupte, constitue en fait une enclave volcano-détritique dans la rhyolite voisine. La morphologie douce de ce site et l'interface de cette zone pastorale ouverte et des milieux forestiers fermés alentours créent un contraste qui constitue le principal atout de ce paysage. Plusieurs bergeries aménagées sur les dalles rocheuses, des enclos et des sources pérennes captées accueillaient les bergers de Tuarelli, Chjumi et Chjornia qui venaient avec leurs troupeaux durant l'estive. Par la crête vers l'Est, ils pouvaient rejoindre les bergers séjournant sur les marges du Falasorma dans les bergeries d'Astenica, de Cutarca, ainsi que sur le plateau de Tusella, derrière le col de Caprunale, dans le haut de la vallée de Lonca. Aujourd'hui, la surface en herbe se réduit, le pâturage extensif de quelques bovins ne suffit plus à freiner la progression de la bruyère arborescente surtout, mais aussi des ronciers, des fougères, et ce, malgré quelques mises à feu périodiques pour contrarier ce phénomène. En effet, l'écobuage est ici le mode de gestion du maquis nécessaire pour réouvrir ce milieu et favoriser les herbacées face à la concurrence des ligneux bas. Cependant, les espèces du maquis qui ont la capacité à rejeter sur souche se régénèrent très rapidement. Cette porte d'entrée dans le Fangu constitue bel et bien une frontière : un muret qui court le long de la ligne de crête matérialise la limite entre la Haute-Corse et la Corse-du-Sud. Du haut de ses 1 619 m d'altitude, Capu a Ghjallichiccia domine le plateau de Parma et la forêt de Perticatu. Sur ses pentes, avoisinant 50 %, les différents milieux boisés s'étirent en altitude en épousant les courbes de niveaux. Un maquis boisé jusqu'à 600 m d'altitude cède la place à la yeuseraie sous forme d'une futaie régulière jusqu'à 1 100 m. Au-delà, le port élancé du pin lariciu domine, en futaie, avant la pelouse sommitale disséminée au sein des nombreux escarpements rocheux qui créent une discontinuité au sein des peuplements forestiers.

La forêt de chênes verts a été utilisée par le passé pour la fabrication de charbon de bois comme en témoignent les nombreux trous de chauffe que l'on découvre encore le long des pistes et des chemins de ronde. La forêt est actuellement inexploitée en raison de la vigueur des pentes et de l'inaccessibilité des peuplements.

ci-contre,
La forêt de Perticatu
(Cl. Michel Claude Weiss)

La Punta Minuta et la haute vallée de la Cavichja

Point culminant du bassin-versant du Fangu à 2556 m d'altitude, Punta Minuta double à l'ouest le Monte Cintu (2706 m).

La piste de la Cavichja qui mène au captage d'eau permet de desservir cette vallée éloignée. Il faut ensuite ne pas craindre de ramper dans un tunnel façonné par le passage des animaux pour se rapprocher du cirque de la Solitude dont la morphologie laisse supposer l'existence d'un petit épisode glaciaire ou en tout cas périglaciaire. La présence de blocs gigantesques dans le lit de la Cavichja, plus en aval, qui s'apparentent à une moraine de front, et la symétrie des versants en gorges corroborent cette hypothèse. Cette vallée est historiquement marquée par la pratique d'une transhumance estivale qui a pris ici une forme tout à fait originale puisque les bergers séjournaient dans les grottes et les nombreux abris sous roche visibles sur les versants, cavités qui ont été aménagées par eux comme celle de Saltare ou de Bocca à e Poste. La succession et l'étagement de la végétation sur les versants sont ici aussi tout à fait remarquables.

Coucher de soleil sur la Punta Minuta (Cliché PNRC)

L'une des portes d'entrée dans le Fangu : la Bocca di Caprunale

En empruntant la piste forestière des Rocce, au-dessus de Barghjana, on quitte les derniers villages de la vallée pour se replonger dans la forêt d'yeuse. La route, qui a une emprise de trois mètres de large, est dallée de rhyolite. Elle est bordée d'un fossé bâti pour l'évacuation des eaux de ruissellement. Très vite, on rejoint ensuite un paysage ouvert en forme d'amphithéâtre dont les versants, jalonnés de vallons secs, sont tapissés d'éboulis. Le sentier se rétrécit alors et dessine, pour s'affranchir de la pente, de nombreux lacets, tous soutenus par un mur d'environ un mètre de haut. À l'approche des affleurements rocheux, il vient s'adosser à la paroi. Celle-ci est même parfois creusée peu avant d'aboutir, enfin, au col de Caprunale à 1329 m d'altitude. Premier col largement ouvert le long de la Grande Barrière, il sculpte la ligne de crête de sa forme caractéristique en auge, à la faveur d'une discontinuité géologique.

Par la vallée de Lonca puis celle du Golu, en passant par le col de Guagnerola, le col de Caprunale relie le Fangu au Niolu. Cette route de transhumance historique était empruntée par les bergers niolins venant hiverner dans les zones de « piaghja ». Son tracé, à l'origine, longeait la rive droite du vallon principal et affrontait la pente de manière rectiligne à proximité du thalweg. Il franchissait le vallon peu avant le col pour décrire plusieurs lacets. L'ouverture de la route forestière n° 8 par l'Administration des Eaux et Forêts, à la fin du XIXe siècle est à l'origine de la modification de son tracé. Ce nouvel itinéraire, plus large, permettant grâce à ses ponts et à ses gués de franchir plus aisément les cours d'eau, offrait davantage de sécurité.

Ci-dessous, a face ouest du Tafunatu

(Cliché Alain Gauthier)

La montagne : source du Fangu et Capu Tafunatu

Le Fangu naît à 2 100 m d'altitude dans les pentes vertigineuses de la Grande Barrière qui ferme le bassin-versant à l'Est. Ici, la vigueur des pentes atteint 50 % et met à nu la rhyolite du complexe annulaire du Cintu. Paysage sauvage, inaccessible, « bout du monde » minéral tourmenté, déchiqueté par des pics, des tourelles, des parois subverticales. Cet espace est dominé par le Capu Tafunatu à 2 335 m d'altitude et son arche célèbre dont la légende raconte qu'il aurait été transpercé par le marteau de Satan. L'importante dénivellation (environ 2 000 m) est propice à la succession et à l'étagement de la végétation. Le maquis haut à bruyère arborescente, genévrier, lentisque, arbousier, boisé de chêne vert et de quelques pins maritimes isolés, cède la place à la futaie irrégulière dense de chênes verts sur un sous-bois de bruyère arborescente de la forêt domaniale du Fangu. Quelques pins lariciu isolés annoncent ensuite l'étage de cette espèce qui, à partir de 900-1 000 m d'altitude, colonise courageusement à l'ubac les crcisillons, éperons, ressauts et vires ; tandis qu'à l'adret des banquettes de pins maritimes s'installent en futaie irrégulière assez claire sur les vires.

Au-delà de 1 600-1 700 m d'altitude, on trouve une formation basse d'aulne odoriférant à l'ubac et une pelouse où domine la fétuque, accompagnée çà et là jusqu'à 2 000-2 200 m d'altitude de genévrier nain et d'épine-vinette de l'Etna. Quoi qu'il en soit, les affleurements de rhyolite occupent plus de 75 % de ce paysage essentiellement minéral.

Virginie Noack

Des paysages anthropisés

quelques points d'observation

Les paysages du bassin du Fangu reflètent encore les activités principales de ceux qui ont vécu ici. Par conséquent leur histoire. Il était donc tentant de sélectionner quelques points d'observation significatifs (leur positionnement figure sur la carte pp. 64-65) afin de permettre à tout un chacun de retrouver certaines phases relatives à l'implantation humaine dans la microrégion.

Point 1 : col de Marzulinu

Le fond de la vallée du Marzulinu constitue une sorte de cuvette intérieure très propice à l'installation humaine, notamment pour la mise en œuvre d'activités agro-pastorales, traditionnelles à cet endroit.

- Préhistoire. L'emplacement (n°s 2, 4, 6, 7, 8, 9 10), la morphologie et la nature des sites nous donnent l'occasion de mettre en évidence certains caractères de l'implantation préhistorique locale. Ainsi, les épaulements et replats situés immédiatement au-dessus du cours d'eau, en l'occurrence le ruisseau de Marzulinu, ont procuré des documents néolithiques indiquant apparemment l'existence d'espaces cultivés assez réduits. Le cas paraît être assez net à Pastureccia, I Campi et San Michele (n°s 7, 8 et 10) où l'on distingue des zones déboisées ou démaquisées, reprises et sans doute augmentées à diverses époques historiques. Un habitat occupe une terrasse perchée (n° 4) de la Punta Pulveraghja. Il pourrait être en relation avec l'exploitation d'un gîte de rhyolite, matière première fort précieuse pour la fabrication de l'outillage lithique des groupes néolithiques, puisque tout autour de la Bocca à u Ghjineparu (n° 2), sur la même ligne de crête, ont été repérés des blocs en place de cette roche et les traces d'un premier débitage.
Les informations sur la végétation de cette période suggèrent un paysage couvert de chênes verts, en particulier le fond de vallée.

- Moyen Âge. Au Moyen Âge, la dépression était le cadre de la pieve d'Armitu, avec son église San Ghjuvanni Battista. Cette paroisse rurale était rattachée au diocèse de Sagone. À cette époque, on dénombrait ici plusieurs habitats que l'on connaît en réalité assez peu : Casacciole (n° 5), Conca, San Michele (n° 10), Amacu (n° 3). Dominant le fond de la cuvette, le site féodal du Capu à u Castellacciu (n° 1) contrôlait ces implantations paysannes. Il était également en mesure de surveiller les parcours pastoraux entre le Niolu et certaines zones littorales du nord-ouest de l'île.

- Époque moderne. Entre le XVIe et le XVIIe siècle, les éleveurs niolins avaient une pratique complémentaire de

l'agriculture, avec sans doute une préférence pour les fonds de vallées, d'où leur présence dans cette zone. Dans la deuxième moitié du XVIIIe siècle, l'association végétale prédominante était le maquis qui recouvrait toutes les parties basses, y compris le vallon de Prizzuna.

– Époque subcontemporaine et contemporaine. De très nombreux restes de constructions traditionnelles parsèment la dépression. Ils rappellent l'occupation intense et saisonnière de celle-ci par les bergers niolins. Plusieurs hameaux situés sur les terrains de Calenzana (fond de la cuvette) ou de Galeria traduisent la fixation de groupes pastoraux, originaires donc du Niolu.
Un renouveau de l'exploitation de cette zone est nettement perceptible et augure bien de l'avenir de la vallée.

Legende
1 : Capu à u Castellacciu
2 : Ghjineparu
3 : Amacu
4 : Pulveraghja
5 : E Casacciole
6 : Fuggione
7 : Pastureccia
8 : I Campi
9 : U Picciu
10 : San Michele

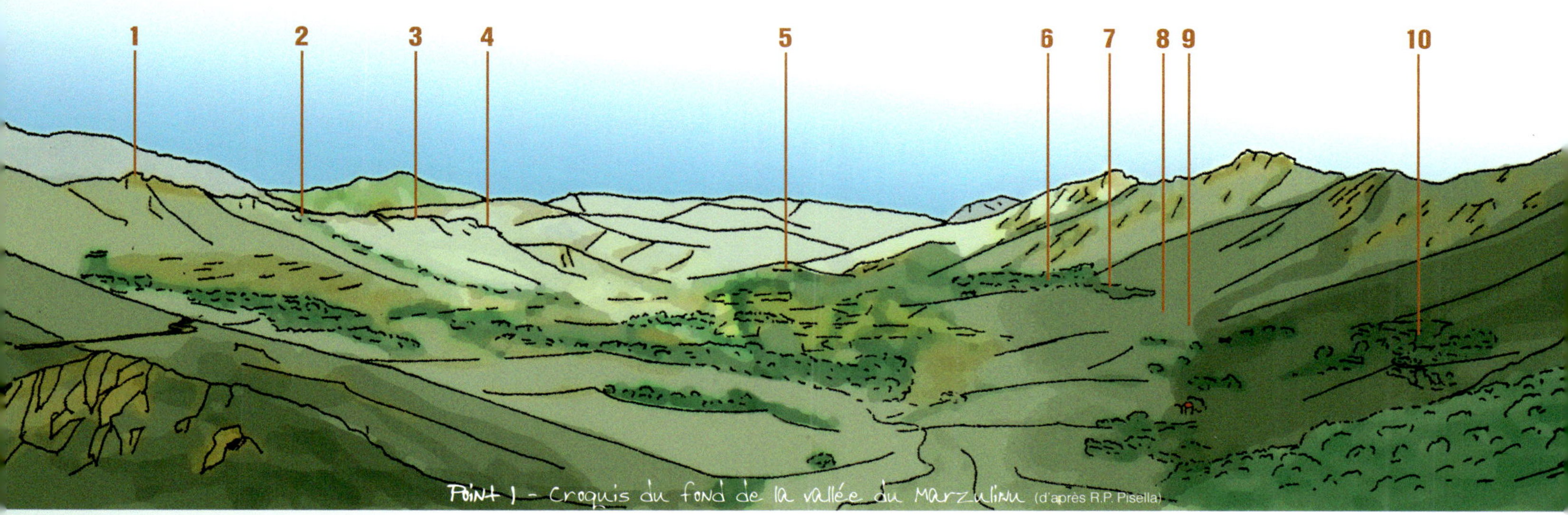

Point 1 - Croquis du fond de la vallée du Marzulinu (d'après R.P. Pisella)

Point 2 : Bonella

- Préhistoire. Ce point de vue met en valeur un aspect complémentaire du paysage décrit un peu avant et représenté par la ligne de crête nord limitant la vallée du Marzulinu, ligne de crête échancrée par les deux cols de l'Inferata et surtout de Marzulinu. La morphologie des sites néolithiques de l'Inferata (n° 11) et du Capu Purcarellu (n° 12) nous fait comprendre l'importance, pour les groupes humains de cette époque, du contrôle des principales voies de passage de la microrégion.

Le dernier gisement, qui domine l'arrière-pays de Calvi, est une très belle station préhistorique, bornée au nord par une enceinte de gros blocs.

Légende
4 : Pulveraghja
5 : E Casacciole
11 : L'Inferata
12 : Capu Purcarellu

- Moyen Âge. La crête marquée, entre autres, par le Capu Purcarellu, séparait alors la pieve d'Armitu de celles, plus septentrionales, d'Olmia et de Lioli. Par les cols de Marzulinu et de l'Inferata transitaient les éleveurs niolins, notamment au moment de leurs transhumances annuelles.

On observe ici quelques-uns des habitats paysans fréquentés au Moyen Âge. Ainsi, Amacu que la Bocca à u Ghjineparu mettait à peu de distance de l'église piévane San Ghjuvanni d'Armitu. Perché au sommet d'un mamelon, Casacciole (n° 5) a été déserté depuis le XVIe siècle. Cet habitat groupé est en position de verrou dans la partie médiane de la dépression. Quant à Conca, remplacé à une époque récente par le hameau de Chirchisani, il se tient sur

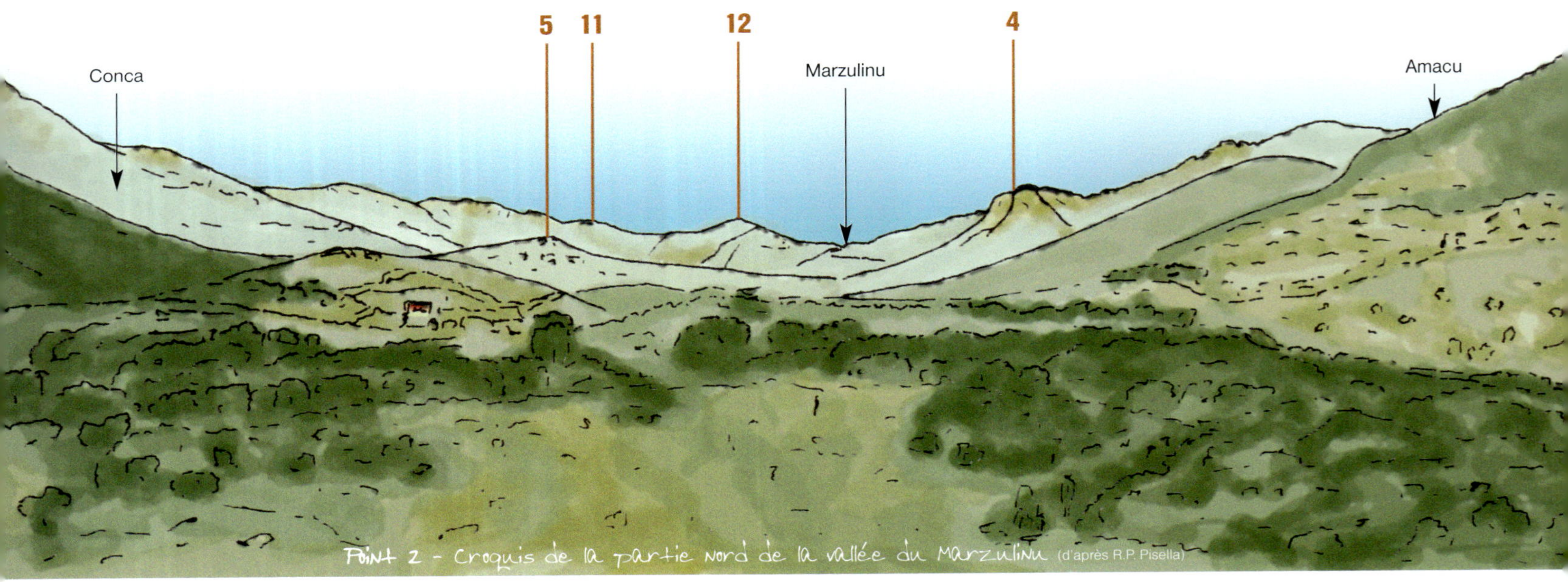

Point 2 - Croquis de la partie nord de la vallée du Marzulinu (d'après R.P. Pisella)

la bordure ouest de la cuvette, à une certaine altitude. Il illustre bien les habitats temporaires pastoraux de la région, retrouvant une activité au cours de la période hivernale.

- Époques moderne et contemporaine. Si Casacciole et Conca sont désormais abandonnés, Amacu a vu une perduration de son habitat aux époques moderne et contemporaine, mais sa population actuelle est tout à fait réduite.

Point 3 : L'Agliastrellu

- Préhistoire. Quelques sites préhistoriques groupés de ce secteur donnent l'occasion de dégager un modèle possible d'occupation des sols au Néolithique terminal, vraisemblablement à la fin du IIIe millénaire avant notre ère. La population concernée pratiquait l'agriculture. Tout incite à placer l'habitat de ce groupe préhistorique sur l'élévation de terrain de l'Olmu (n° 2), c'est-à-dire à un emplacement présentant d'évidents avantages dont la proximité de l'eau et la facilité de passage, le vallon de Capitelle permettant l'accès à la région de l'Argentella-Luzzipeu par le col de l'Omu Mortu. Toujours dans le domaine des voies de circulation, l'Olmu était l'une des extrémités d'un gué traditionnel, l'autre extrémité se trouvant à l'Aghjarella, autre site préhistorique.
Quant aux espaces cultivés, ils étaient tout près, dans le secteur des Battilori-Piana di u Bancalaru

Légende
1 : I Battilori
2 : L'Olmu
3 : Maraghju

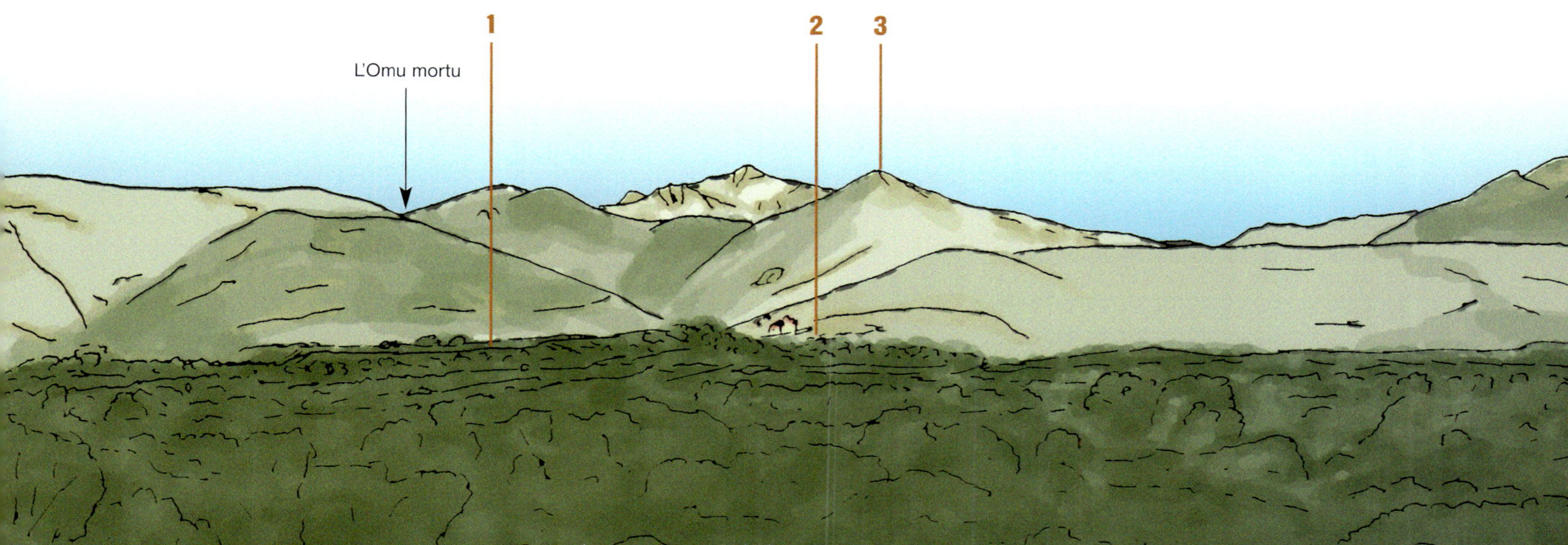

Point 3 - Croquis de la zone nord de la plaine alluviale du Fangu (d'après R.P. Pisella)

(n° 1). Au Néolithique terminal-Chalcolithique, les aires cultivées étaient certainement très peu étendues, limitées sans doute aux terrasses placées immédiatement au-dessus du Fangu. Les terrains exploités au Néolithique sont réutilisés lors de la phase historique.
Pour ce stade d'évolution, la proximité du Fangu, qui charriait des galets de rhyolite de diverses variétés, entraînera l'apparition d'ateliers de débitage de cette roche comme à Piana di u Bancalaru.
Durant l'Antiquité et à l'époque moderne, des raisons défensives, entre autres, conduisirent à l'installation de groupes humains sur une hauteur notable, celle de Maraghju (n° 3).

- Époque moderne. De façon plutôt surprenante, à la fin du XVIe siècle et au début du XVIIe, le climat, assez rude et pluvieux pendant la majeure partie de l'année, rendait possible le flottage des bois sur le Fangu à peu près en toute saison.
Quelques familles de colons se tenaient aux abords de la tour de Galeria, laquelle accueillait une petite garnison. Des bûcherons venus de Balagne et des bergers niolins fréquentaient aussi cette région soumise aux incursions des pirates.
Dans la deuxième moitié du XVIIe siècle se développent des aires marécageuses et malariques à l'embouchure du Fangu. Le cours inférieur du fleuve tend alors à devenir plus sinueux que précédemment. On assiste à l'enfoncement progressif de la dernière portion de la rivière, avec la formation d'amples méandres, de telle sorte qu'à la fin du XVIIIe siècle les eaux n'auraient pu transporter des troncs d'arbres jusqu'à la mer comme deux siècles auparavant.

- Aujourd'hui. De nos jours, cet espace est faiblement occupé : par quelques habitations sur la rive gauche du Fangu, le long de la route menant à Galeria ; par une maison au hameau de l'Olmu où l'on peut voir également les restes de constructions traditionnelles, présentes au demeurant dans toute la zone alluviale.

Point 4 : U Culombu

- Préhistoire. La vue s'étend du col de Palmarella (408 m) à celui de Marzulinu (443 m).
On peut apercevoir ici le site néolithique des Canne, occupé certainement dès la première phase (Néolithique ancien) de ce stade d'évolution. Les documents recueillis donnent l'occasion de souligner la pérennité de cet habitat placé sur un versant assez pentu, au-dessus du confluent du ruisseau des Canne et d'un petit cours d'eau, et abrité des courants d'ouest par l'imposante masse du Capu Tondu.

- Antiquité. Durant l'Antiquité, cette zone a dû abriter une grande villa (plus proche du Fangu que des Canne ?) pour la mise en valeur d'un territoire étendu. L'élevage intensif, l'exploitation du bois, de la résine ont sans doute joué un rôle non négligeable. Les terrasses bien exposées du piedmont, jusqu'à 300-400 m, laissaient voir des cultures arbustives (pommiers, poiriers, noyers) mais aussi l'olivier, la vigne et les céréales.
Pour Jean Jehasse, le ruisseau des Canne était aménagé pour l'irrigation et la pêche et des viviers ont pu y être installés. Toujours pour cet auteur, l'absence de chapelles paléochrétiennes traduirait le délaissement d'un tel espace dès le IVe siècle au profit de la

moyenne et de la haute vallée du Fangu, peut-être en raison d'un ralentissement portuaire dans la zone littorale voire de la piraterie.

- Du Moyen Âge à l'époque actuelle. Le site pastoral des Canne, particulièrement bien placé et où aurait été édifiée « la plus grande église de tout le Filosorma », a été fréquenté également de la phase médiévale à la période récente, fréquentation qui a connu un développement remarqué à la fin du XIXe et au début du XXe siècle : les restes de cabanes traditionnelles et d'enclos divers sont encore bien visibles, en particulier dans la partie nord de l'implantation, indices de la venue de bergers originaires de Calasima, dans la vallée montagnarde du Niolu.

- De nos jours. Le hameau des Canne est certes occupé, mais de façon très discrète. Un peu plus en amont, une activité pastorale est toujours attestée à Fojaja (Fugliaccia)

Michel Claude Weiss

* Les données exposées dans ce texte sont dues à Michel Claude Weiss (Préhistoire, époque actuelle), Jean Jehasse (Antiquité), Jean-André Cancellieri (Moyen Âge) et Maria Pia Rota-Guerrieri (époque génoise ou moderne).

Légende
1 : Fojaja
2 : E Canne
3 : Capu Purcarellu

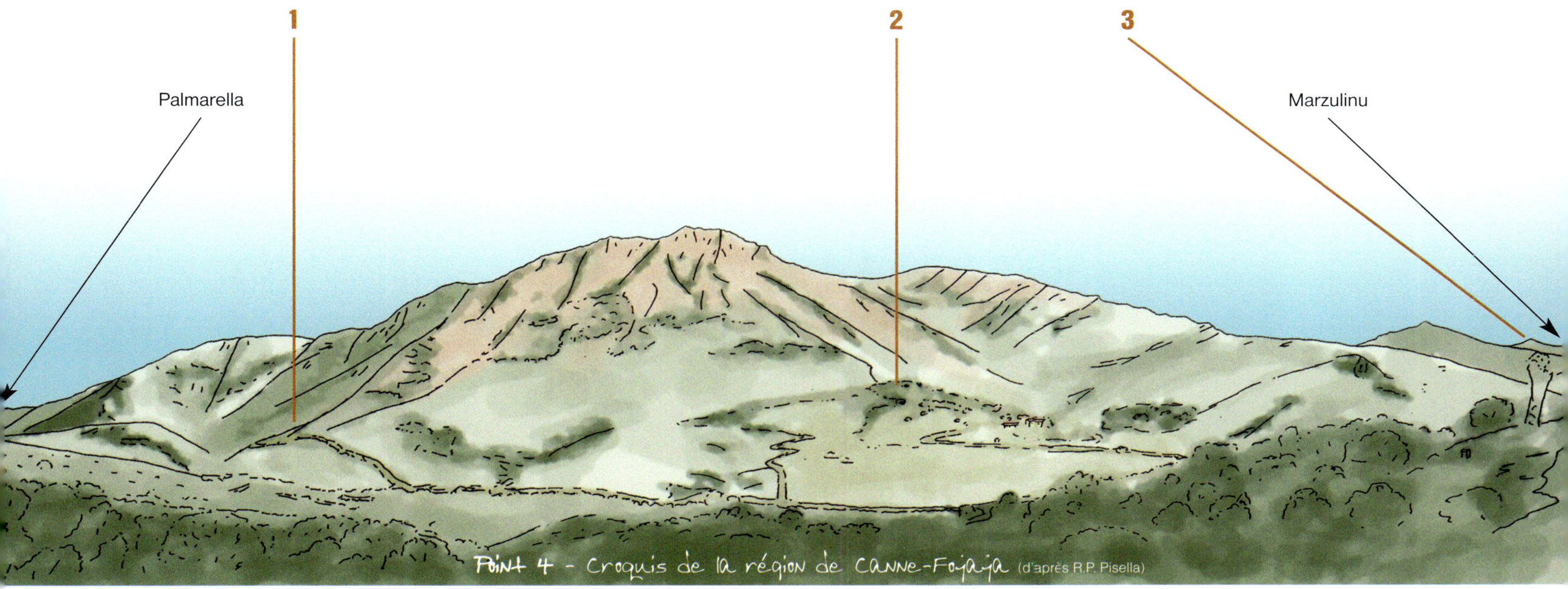

Point 4 - Croquis de la région de Canne-Fojaja (d'après R.P. Pisella)

Routes, chemins et sentiers

La microrégion est touchée par des itinéraires de grande randonnée :

- Le GR 20 (12 000 randonneurs par an). Le village de Calenzana, avec son gîte d'étape et sa maison d'information, est la porte nord de cet itinéraire sportif qui chemine depuis la forêt de Bonifatu vers le Sud, via treize refuges d'altitude dont celui de Ciottulu à i Mori, au pied de la Paglia Orba et du Capu Tafunatu qui surplombent la vallée du Fangu.

- Le Tra Mare è Monti (4 000 randonneurs par an). De Calenzana à Carghjese, cet itinéraire plus récent permet en dix étapes une découverte du littoral et des villages de piedmont. Le tracé descend vers Tuarelli et Galeria (deux gîtes d'étapes) en poursuivant par le littoral vers Girolata et le golfe de Portu.

- Le sentier patrimonial de la transhumance. Cette transversale relie le Fangu au Niolu en six étapes. Le premier tronçon remonte la rive droite du Fangu, de Tuarelli à Montestremu, puis raccorde à Omita le chemin du col de Caprunale d'où l'on bascule sur le refuge de Puscaghja, première étape dans la haute vallée de la Lonca

Patrick Lepaulmier

ci-contre,
le sentier de Caprunale

page suivante,
le col de Caprunale

(Clichés Frédéric Arrivé)

Travail aux champs (Cliché J. Santucci)

Le Fangu et son passé

Chapitre IV

Calvi
par D51
Bocca di Marzulinu
(443 m)
Point d'observation 1
Castiglione
Capu Caviglia
(893 m)
Capu Cardellu
(1087 m)
Calvi
par D81
L'Argentella
Ogliastrone
Capu di l'Argentella
(813 m)
Ferraghjola
Bocca di Campu Orbu
(378 m)
Amacu
Finocchie
Porta Vecchja
Chirchisani
Point d'observation 2
Mustella
Punta di Bonassa
(1719 m)
Querciu
Leva
Rezza
Nuvalezza
Olmu
Marzulinu
Prezzuna
Lucca
Prezzuna
Point d'observation 3
Guaitella
Galeria
Punta Muvrareccia
(407 m)
Chjumi
Punta a u Corbu
(1123 m)
Fangu
Chjorna
Ponte Vecchio
Calca
Capu Tondu
(839m)
Tuarelli
Canne
Capu Calancone
(594 m)
Pont de Tuarelli
Fangu
Mansu
Candela
Point d'observation 4
Piriu
Filicaghjola
Parma
Colombo
Barghjana
Monte Estremu
Capu Rossu
(948 m)
Capu di Mozzu
(623 m)
Col de Palmarella
(408 m)
Punta di u Tartavellu
(616 m)
Vers Porto
Bergeries
des Rocce
Capronale
Punta Salisei
(927 m)
Bocca di Melza
(773 m)
Capu a Ghjallichiccia
(1619 m)
Capu a u Cellu
(1586 m)
Capu a Penna
(1586 m)

Routes

Cours d'eau

Sentier «Tra Mare è Monti»

Les points d'observation indiqués se rapportent au chapitre «Des paysages anthropisés», pp. 54-59.

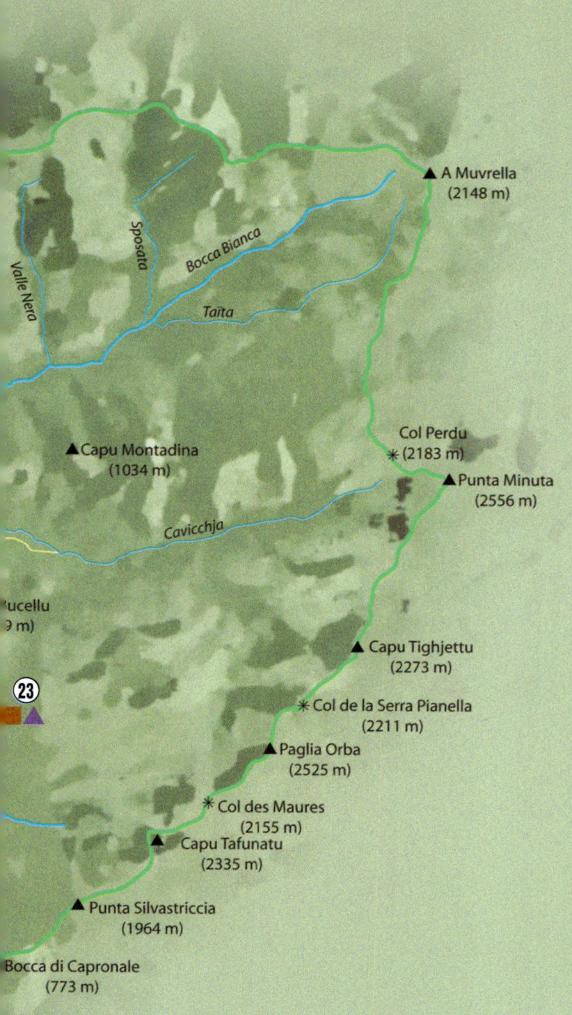

VALLÉE DU FANGU

N°	LIEUX	PREHISTOIRE ANTIQUITÉ	MOYEN AGE ÉPOQUE MODERNE	ÉPOQUE CONTEMPORAINE
1	Capu Furcarellu	■		
2	L'inferata	■		
3	San Michele	■	●	▲
4	U Picciu	■		
5	I Campi	■		
6	Pastureccia	■		
7	Fuggione	■		
8	U Collu di a Chjesgia			▲
9	San Ghjuvanni Battista		●	
10	Conca		●	
11	E Casacciole		●	
12	Punta Pulveraghja	■		
13	Amacu		●	▲
14	Bocca à u Ghjineparu	■		
15	Capu à u Castellacciu		●	
16	Chirchisani			▲
17	Porta Vechja			▲
18	Mustella (E Mustelle)		●	▲
19	Bonassa	■		
20	Lucca		●	
21	Prezzuna		●	▲
22	Candela			▲
23	Scorni di a Scalella	■		▲
24	Santa Maria		●	
25	Montestremu		●	▲
26	Barghiana			▲
27	San Quilicu		●	
28	Mansu	■	●	▲
29	L'Aghjale	■		
30	Cicala	■		
31	San Ghjorghju		●	
32	Treccia	■		
33	Piriu	■		▲
34	Parma	■	●	▲
35	Bocca di Melza	■		
36	Tuarelli		●	▲
37	Chjornia		●	▲
38	A Tana	■		
39	Chjurni		●	▲
40	Tetti		●	
41	Vaitella			▲
42	U Fangu			▲
43	E Canne	■	●	▲
44	Fojaja	■		▲
45	Leva			▲
46	Nuvalezza		●	▲
47	Maraghju	■	●	
48	U Susinu	■		
49	L'Olmu	■		▲
50	U Pinarolu	■		
51	L'Aghjarella	■		
52	L'Ambasta	■		
53	Galeria	■	●	▲
54	A Petra à e Semite	■		
55	Calca		●	▲
56	U Stagnolu	■		
57	A Piana di u Bancalaru	■		
58	I Battitori	■		
59	U Ciuttone			▲
60	Ferraghjola			▲
61	L'Argentella	■	●	▲

La Préhistoire

Le bassin du Fangu paraît avoir connu une occupation humaine dès le VIe millénaire avant notre ère, au Néolithique ancien, moment de la très vieille histoire de la Corse où se mettent en place les premiers producteurs et en particulier les précurseurs des éleveurs de petit bétail. La position des quatre sites concernés, dans la partie moyenne de la vallée principale (site de A Tana, Mansu), au bord d'une importante voie de transhumance traditionnelle, dans celle, affluente, du Marzulinu (sites de Fuggione et I Campi) ainsi que dans la dépression menant au col de Palmarella (site de E Canne, Galeria), laisse à penser que nous avons affaire ici aux ancêtres des pasteurs de la microrégion. E Canne d'ailleurs est un remarquable exemple de perduration d'espace habité, l'endroit ayant été fréquenté de façon sans doute régulière du Néolithique primitif à l'époque actuelle. Ces quatre stations, une probable (A Tana) et trois possibles (I Campi, Fuggione, E Canne), marquent des voies de passage intérieures. Elles ont en commun la particularité de se trouver sur un premier relief, au-dessus ou non loin d'un cours d'eau, en fait d'un thalweg. Leur position rend compte d'un caractère essentiel du Néolithique ancien de l'île : l'aspect vraiment paisible des implantations de l'époque. On a l'impression qu'à ce moment-là, tout était fait pour faciliter la circulation des hommes et des produits.

Le site d'altitude de Parma, fréquenté du Néolithique à l'époque contemporaine (Cliché L. Emanuelli)

Un peu plus tard, le Néolithique terminal-Chalcolithique, période des agriculteurs affirmés, laisse dans la microrégion des traces particulièrement nombreuses et significatives. Plusieurs phénomènes caractérisent cette phase qui couvre essentiellement le IIIe millénaire avant notre ère : le développement des activités agricoles donc ; l'exploitation des roches locales, surtout rhyolithiques, pour la fabrication de l'outillage en pierre et, sans doute, l'exportation en direction de zones de l'île plus ou moins proches ; un premier souci défensif conduisant les groupes locaux à s'installer au sommet de reliefs aux pentes abruptes ; enfin, bien que plus difficile à démontrer, l'aménagement de secteurs naturels, par conséquent de territoires, suivant un modèle que l'on pressent désormais. L'agriculture est clairement documentée dans la plaine

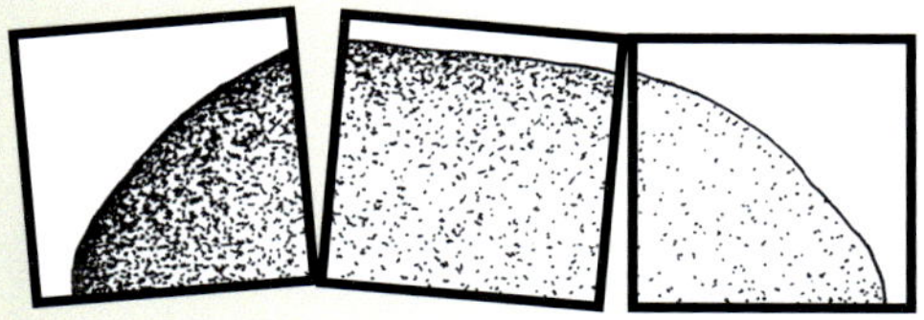

alluviale du Fangu, laquelle a livré un matériel de meunerie non négligeable. Cependant, les surfaces cultivées ne devaient pas être très étendues. L'analyse du diagramme pollinique de l'aulnaie tourbeuse de l'embouchure du Fangu, établi par Maurice Reille, montre que les pollens de céréales sont très rares mais néanmoins présents sporadiquement entre 5500 et 700 avant notre ère. Par ailleurs, les espèces accompagnatrices des cultures sont bien attestées bien que dans de médiocres proportions. Tout cela renforce l'idée selon laquelle, au Néolithique terminal-Chalcolithique, les aires ensemencées étaient réduites, limitées sans doute aux replats dominant directement le cours d'eau : I Battilori-A Piana di u Bancalaru côté nord, le Pinarolu et l'Aghjarella côté sud. Quant aux activités d'élevage, elles sont prouvées, par exemple à Parma (870 m), vraisemblable site d'estive.

Les roches susceptibles d'être transformées en outils étaient d'une importance extrême pour les groupes humains du Néolithique. On a souvent mis l'accent sur certaines qualités trouvées hors de l'île, le silex et surtout l'obsidienne, en négligeant la production locale. Or, le bassin du Fangu est à l'intérieur de la principale concentration de roches volcaniques de l'île, concentration qui va d'Ascu à Galeria et Osani. Les Préhistoriques de ce secteur avaient donc la possibilité d'exploiter les gîtes concernés ou de ramasser des galets charriés par les cours d'eau. Ils ne s'en privèrent pas. Ainsi, un gîte de rhyolite montrant des éléments débités est apparu au niveau de la Bocca à u Ghjineparu, dans la vallée du Marzulinu. D'autres sont

ci-dessous, Armature de flèche du Fangu

(Cliché L. Emanuelli)

en cours d'étude (sites de l'Altu di e Padulelle et de Manghja è Beie, dans la vallée de la Cavichja). Dans la moyenne vallée du Fangu, à Mansu (site de l'Aghjale), les fouilles ont mis en évidence le débitage des roches de l'endroit (présence de nucléi et d'éclats de taille). Mais c'est sur les replats de la plaine alluviale du Fangu que les traces de cette activité sont les plus nettes avec les ateliers de taille de A Piana di u Bancalaru.

Vers la fin du stade d'évolution néolithique, et cette remarque intéresse la Corse tout entière mais encore d'autres régions de Méditerranée, se manifeste un réel souci défensif. On en trouve la traduction dans la vallée du Marzulinu, sur une terrasse perchée (453 m) du Capu Pulveraghja, mais aussi à Galeria (première occupation de A Petra à e Semite).

Quoi qu'il en soit, le Néolithique terminal-Chalcolithique correspond apparemment à une fréquentation intense de la microrégion. Tous les endroits du bassin du Fangu semblent avoir été touchés, y compris les étages élevés (abri de Scorni di a Scalella, 670 m ; col de Melza, 775 m ; Parma, 870 m). Mais le gros des trouvailles a été réalisé dans les zones basses où les sites abondent vraiment, révélés par des armatures de flèches perçantes, particulièrement nombreuses au Pinarolu, la hache polie (Galeria), des nucléi, de multiples éclats, lames ou lamelles et également une céramique parfois décorée. La vallée du Marzulinu, la plaine alluviale du Fangu et le secteur de l'agglomération de Galeria laissent voir les points les plus remarquables de cette période.

Dans certains cas, il a été possible sans doute de retrouver un type d'organisation du territoire primitif. Ainsi, sur le flanc droit de la plaine alluviale du Fangu, un lieu caractérisé par la proximité de l'eau et une indéniable facilité de passage a permis de reconnaître un site d'habitat (celui de l'Olmu), non loin d'une source que l'on pense avoir été pérenne, ainsi que des espaces certainement cultivés et des ateliers de taille de roches locales. Un tel modèle d'occupation des sols devrait pouvoir être observé ailleurs dans le bassin ;

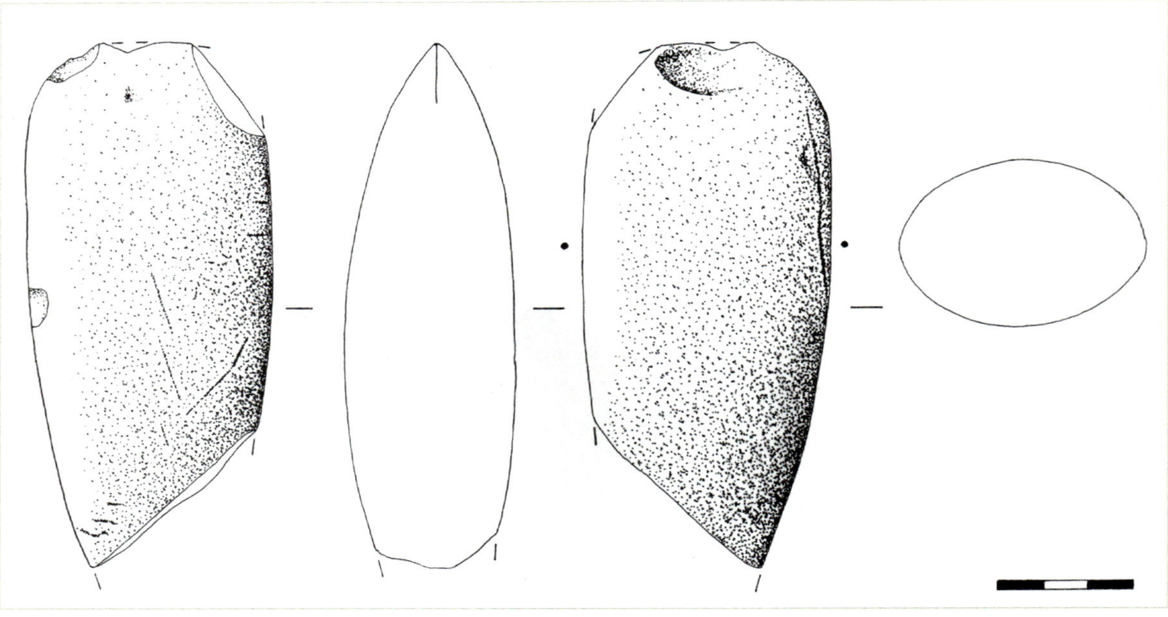

en haut,
Vue aérienne du site néolithique du Capu Purcarellu
(Cliché M.C. Weiss)

ci-contre,
Hache polie de Galeria
(Croquis M.C. Weiss)

ci-dessous. Meule sur bloc de la vallée du Fangu

(Cliché M.C. Weiss)

ainsi, la zone naturelle dite A Sulana di u Mansu, dans la partie moyenne de la vallée du Fangu, vient de révéler, en dehors d'une indiscutable perduration de l'habitat, une structuration du territoire néolithique du IIIe millénaire avant notre ère tout à fait intéressante.

L'Âge du Bronze et l'Âge du Fer ne bénéficient malheureusement pas, du moins pour l'instant, de données comparables à celles de la phase précédente. Malgré tout, on se rend compte que quelques traits dégagés à la fin du Néolithique vont avoir un développement certain. Nous pensons en particulier à l'aménagement des éperons rocheux, reliefs aux pentes abruptes dénotant un évident souci défensif. Le cas est manifeste à A Petra à e Semite (l'Ambiu).

La proximité de gîtes métallifères (l'Argentella) a dû jouer un rôle a cette époque qui a vu, dans sa dernière phase, la rencontre entre les populations autochtones et les groupes historiques avancés, notamment les Romains

Michel Claude Weiss

L'Antiquité classique

La romanisation semble au premier abord avoir peu touché le bassin du Fangu où l'on ne signale aucun monument antique.

Ptolémée laisse reconnaître le golfe de Galeria (= Kasalos) entre le cap Attios (Capu à u Cavallu/Monti d'Azzu) et le cap Ouiribalon (Punta Palazzu). Au Nord-Ouest, il nomme trois cités dont Alouka qu'on pourrait placer à Tuarelli-Mansu. Quant au peuple des Berouinoi, il occupe « au pied du Mont d'Or » (Cintu) le bassin du Fangu, avec en « limite » la forêt de Perticatu. Les forêts du Fangu et du Filosorma constituent selon l'usage antique une zone tampon, avec les Likninoi, au haut-Ascu-Niolu, et au Sud, avec les Tarrabenioi du haut-Taravu.

Motif figurant sur un jas d'ancre de la Punta di Ciuttone (Croquis F. Allegrini-Simonetti)

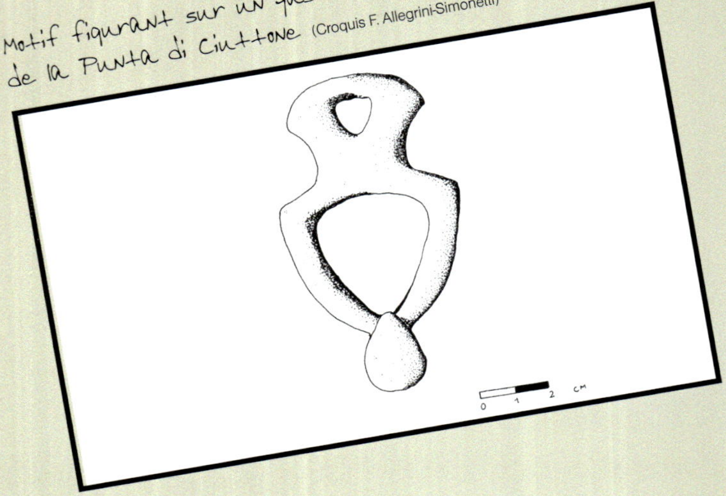

Aux productions céramiques et métalliques locales – or, fer et cuivre, argent et plomb – des fragments dispersés traduisent l'évolution des importations : Campanie et Latium, pour les IIe - Ier siècles avant J.-C. ; Italie au Ier siècle de notre ère, Gaule au IIe, Espagne au IIIe, Afrique au IVe. Ces fragments se trouvent surtout dans le bassin du Marzulinu, rive droite à Pieve, San Ghjuvanni, Casacciole, Chirchisani, Bonella, Leva ; rive gauche surtout, à Lucca, Tana, Mustella, Prizzuna, Santa Lucia et Guaitella. Mais on en récolte aussi dans le bassin du Fangu, à Tuarelli, Fugliaccia, Fojaja et naturellement à Galeria. Dans cet espace, on note des villas, telles Chirchisani, Fugliaccia ; des vici ou hameaux, comme Prizzuna. Des toponymes en « ano » ou en « ani » attestent cette romanisation : Calani, Arcano à Mansu ; Alevano, Treano, Cugani à Galeria.

Tout un ensemble cadastré semble s'étendre de Calvi jusqu'à Galeria. On retrouve en effet au Fangu un maillage orienté N.65°E.

Mais la mise en valeur intensive décline au IVe siècle, sous une pression fiscale aggravée réduisant les colons à un demi-esclavage. Galeria, qui devait jouer un rôle important dans le trafic des denrées, est porte ouverte aux incursions des Vandales, Goths, Byzantins, Lombards, Francs, et bien entendu Sarrasins. Cependant, c'est aussi par les ports que s'est diffusé le christianisme

JEAN JEHASSE

page suivante,
Col d'amphore de la Punta di u Stollu

(Cr. F. Allegrini-Simonetti)

0
5
10 cm

L'Antiquité tardive et le Moyen Âge

L'architecture religieuse des xe-xie siècles au Fangu, par le plan des édifices, l'ampleur et le travail de la pierre rose ou jaune en petits blocs taillés, fait des grandes pievanies San Ghjovanni et Chjumi des réalisations spectaculaires témoignant à époque carolingienne et prépisane d'une réelle prospérité. Mais auparavant? Les fouilles paléochrétiennes manquent encore et l'antiquité des dénominations conservées, comme Lucia, Andrea ou Michele, n'assure pas de la réelle ancienneté des témoignages des lieux-dits.

Néanmoins, le poids de la tradition antique reste bien établi. La région relèvera toute de l'évêché de Sagone, qui en consacre l'unité et la spécificité face à celui d'Aleria. Le cadre romain ne s'impose pas seulement par les circonscriptions mais par le système plus ou moins théorique de l'élection, où la plebs élit directement ses évêques, à Calvi sans doute, à Galeria peut-être.

Le souvenir de trois de ces pievi s'est ainsi conservé. La pieve d'Armitu occupe la rive droite du Marzulinu. Défigurée, l'église San Ghjovanni rappelle son importance au centre de la pieve, où l'on dénombre encore des restes à S. Andrea et Santa Lucia et, d'après G. Moracchini-Mazel, le souvenir d'un canonicat à San Michele.

D'un relief plus tourmenté, la rive droite se rattache davantage au fleuve Fangu dont le cours se divise en trois secteurs.

La pieve de Chjumi en effet s'étend de Lucca à Prizzuna et, par-delà les crêtes dominant le Fangu, à la spectaculaire église San Petru, assignée comme celle d'Armitu au xie siècle.

Quant à la pieve de Santa Maria, elle s'organisait à partir d'une petite église nichée dans le haut du Fangu, auprès de laquelle on distingue les ruines de deux couvents placés au départ d'un chemin vers le Niolu.

Mais qu'en est-il du bas Fangu, en aval du Ponte Vechju? Curieusement, Mgr Giustiniani par une dénomination nouvelle le cite comme fleuve delle Ripe, attestant ainsi qu'il le nomme à partir de Galeria, dont il sou-

Habitat de Casacciole (Cliché M.C. Weiss)

ligne l'importance. On peut songer, comme pour Calvi, à un évêché primitif.

Bref, si nous ignorons encore les à-coups du développement économique, démographique et social du VIe au IXe siècle, ainsi que les avancées et reculs de la christianisation évoqués au VIe siècle par Grégoire le Grand, on ne peut que souligner l'épanouissement qu'en dépit ces Sarrasins a connu le Fangu du IXe au XIIe siècle

JEAN JEHASSE

ci-dessous, Église san Petru de Chjumi
(Cliché Alain Gauthier)

L'époque génoise

Du XIIIe au XIVe siècle : une période troublée

En accord avec le renforcement de la présence génoise sur l'île durant cette période, la partie nord-occidentale de la Corse est dynamisée par l'essor de Calvi. La cité balanine, fondée en 1268, devient en peu de temps le second comptoir insulaire après Bonifacio. Les activités commerciales se multiplient dans tout le secteur; elles s'effectuent localement grâce aux chemins intérieurs ou par voie de mer le long de la route Gênes-Calvi-Gallura. Ce processus concerne certainement Galeria et ses environs où les anciens chemins entre la côte et l'intérieur des terres étaient parcourus par les marchands génois. Le sentier qui va du Fangu au bassin du Niolu illustre bien ce type de parcours. Le réseau de chemins côtiers qui relie entre eux les mouillages de moindre importance mais très fréquentés comme Galeria et Girolata était aussi utilisé par ces marchands. Ces ports-abris permettaient l'échange de marchandises d'importation contre des productions locales. Le porc, le blé et surtout le bois formaient le gros des exportations. Toute la région était renommée pour ses forêts où venaient s'approvisionner, à partir de Galeria et plus tard de Calvi, les grands chantiers du bâtiment ou de construction navale de Gênes mais aussi d'autres plus modestes, notamment ceux de Calvi.

La tour de Galeria et le Capu Tondu (Cliché Alain Gauthier)

Ce contexte économique positif favorisa le développement des villages situés entre les confins des pièves de Chjumi et d'Armitu (E Canne, Chjumi, Erbaghju...) qui possédaient leurs centres religieux respectifs (églises de San Petru sur le versant droit de la basse vallée du Fangu et de San Ghjuvanni dans la vallée du Marzulinu). Par ailleurs, les nombreux hameaux disséminés sur tout le territoire étaient souvent situés dans les environs d'anciennes églises et chapelles établies sur les parcours les plus fréquentés.

Cependant, les faiblesses internes de la République et l'incapacité de maîtriser les querelles entre feudataires corses eurent des conséquences désastreuses sur l'économie. Cette situation était aggravée sur la côte comme à l'intérieur par la piraterie catalane et, à partir du XIVe siècle,

par celle des Turcs. Bien protégés par les multiples anses de Scandula, ces derniers effectuaient des razzias dans tout le secteur à la recherche d'esclaves.

Dans le courant du XVe siècle, la République céda la gestion de la Corse à la Banque de Saint-Georges qui mit un terme entre 1487 et 1510 à la sanglante répression féodale conduite dans cette zone par Renuccio della Rocca et Giovan'Paolo di Leca. Les villages furent détruits et abandonnés par leurs habitants, au point que les pièves de Chjumi et d'Armitu disparurent des inventaires relatifs à la Balagne. Au début du XVIe siècle, Agostino Giustiniani écrit que cette portion de côte ne comporte « aucun secteur habité », pas même « une seule cabane ». En réalité, ces observateurs trop pressés et extérieurs à l'île ne pouvaient percevoir que ces terres étaient cultivées mais pas de manière constante. Ces occupants discrets étaient aussi bien des anciens villageois chassés par les guerres des « Cinarchesi » puis par le péril turc que des bergers d'Ascu ou du Niolu utilisant ces « *piaghje* » pour l'hivernage des troupeaux.

C'est dans ce cadre d'abandon apparent qu'à partir du XVIe siècle les Génois décidèrent de s'implanter et d'inféoder la plaine côtière. Le but était de repeupler et cultiver les zones désertées tout en protégeant le trafic maritime de la République grâce à la construction d'une tour érigée à l'embouchure du Fangu en 1551.

Des informations apparaissent sur le plan environnemental (climat plus rude avec fortes neiges, évolution du cours inférieur du Fangu qui devient de plus en plus tortueux et insalubre, végétation constituée de forêts et de

ci-dessous, La tour génoise et le magasin attenant
(Cliché Michel Claude Weiss)

maquis) ; elles éclairent aussi sur l'intensité de la présence humaine et ses activités.

Les Génois à la recherche de sapins

S'il reste peu d'informations au sujet des cultures génoises sur ces territoires, on en sait beaucoup plus sur l'exploitation des ressources forestières. En 1522, la République de Gênes avait réinvesti le domaine forestier corse dans le cadre d'une revalorisation de la flotte d'état. Cela se fit particulièrement sentir entre 1595 et 1609 dans la vallée de Prizzuna ou se trouvait le Bosco di Lucca, très riche en pins (essentiels pour la construction de mâts) et de plus assez proche de la mer. Ce qui limitait les dépenses de construction de routes et de transport de troncs vers Calvi où ils étaient embarqués

La prolongation dans le temps de cette importante activité forestière nécessita la construction d'infras-

tructures notamment pour l'hébergement des forestiers. Le plus souvent dans des baraques en bois mais aussi dans une maison fortifiée à Prizzuna; celle-ci fut saccagée par les bergers d'Ascu. D'autres équipements intéressaient la première transformation du bois (scieries hydrauliques) pour le transport jusqu'à la mer. Outre les pistes forestières, trois autres routes furent construites à des périodes diverses : la première reliait la vallée de Prizzuna à la mer grâce à l'édification de ponts; la deuxième allait du bois d'Eltri à celui de Perticatu (La chênaie de Piriu). La dernière menait de Perticatu à la mer.
À l'exception de la présence d'une tour sur la marine, il ne subsiste aujourd'hui que peu de traces des activités des Génois sur ce territoire. Parmi celles-ci, la plus importante est sans doute la disparition quasi totale des forêts de pins.

L'avancée des bergers

Parallèlement se déroulait sur un autre plan une lutte pluriséculaire entre bergers et agriculteurs pour le contrôle du territoire. Les bergers niolins affirmaient leur droit d'occuper une région qu'ils considéraient comme la leur. Ils étaient opposés aux descendants des anciens propriétaires qui n'ayant jamais complètement abandonné leurs terres ni les villages détruits exercèrent des pressions plus fortes dès le milieu du XVIIe siècle (des villages furent aussi réinvestis par des bergers comme à Mansu). Par ailleurs, la sécurisation des côtes et surtout les terribles famines qui se succédèrent entre 1648 et 1662 ont certainement poussé les habitants de Balagne à venir dans cette région. Ce n'est qu'au milieu du XVIIIe siècle qu'un compromis put être établi en attribuant aux Niolins des concessions dans le Filosorma, le Marzulinu, Galeria et Paratella. Après la cession de l'île au Royaume de France et à la suite de quelques péripéties, le district de Galeria fut donné en fief au Comte de Maudet pour qu'il y installe une colonie agricole constituée de nombreuses familles. Leur séjour fut court, un an tout au plus, mais un village fut construit pour l'occasion; il constitue le noyau primitif de l'agglomération de Galeria. D'autres infrastructures furent aussi implantées parmi lesquelles un aqueduc qui changea la physionomie du territoire après des siècles de prédominance pastorale.

Le Fangu à la fin de l'époque génoise

Les archives génoises, auxquelles s'ajoutent celles relatives aux premiers temps de l'occupation française au XVIIIe siècle, sont plus abondantes que par le passé. Elles donnent l'occasion d'apprécier l'évolution du territoire dans son ensemble.
Ce qui surprend surtout parmi les changements environnementaux déterminés par des processus naturels ou par les activités humaines, c'est l'amenuisement des secteurs boisés, y compris ceux formés par des essences secondaires comme l'aulne, le chêne ou le frêne (pastoralisme, déboisement, agriculture, fabrication de charbon de bois). C'est aussi l'amplification des aires marécageuses à l'embouchure du Fangu comme dans le milieu du bassin du Marzulinu. L'absence d'un centre même mineur est évidente et

ci-dessous, Le site villageois de Casacciole, au sommet d'une colline

(Cliché Michel Claude Weiss)

ceci jusqu'à la fin du siècle, période à laquelle fut construit le village de colons qui forme la partie la plus ancienne de l'actuelle Galeria. Près du village existaient aussi d'autres constructions liées aux activités pastorales (réalisées en pierre sèche et au toit en terrasse).

La sédentarisation progressive des bergers avait contribué à agrandir les espaces agricoles sur les coteaux ou en fond de vallée, très souvent près des villages ruinés. Cela appuie l'hypothèse selon laquelle ces secteurs furent toujours temporairement ou partiellement habités, hypothèse confirmée par la présence de nombreux édifices religieux comme l'église de S. Antone, les chapelles de S. Ghjorghju, S. Quilicu et Santa Cristina. L'anthropisation du territoire est surtout perceptible à travers le réseau de chemins à moyen ou long rayonnement. À ceux-ci s'ajoutait un réseau local reliant les agglomérations entre elles et permettant d'accéder aux cultures ou aux pacages.

Toutes ces traces sont celles d'activités ancestrales qui ne purent se développer en quelques années ni même décennies. Il apparaît aussi que la région ne fut jamais abandonnée à la période génoise

Maria Pia Rota-Guerrieri

Le domaine de Galeria

dans la première moitié du XVIIIe

La carte ci-jointe a été dressée à l'occasion de la concession du domaine ou procoio de Galeria à Luigi Saoli. En fait, tout commence en l'an 1704, le samedi 23 août au matin, à Gênes, dans les locaux de la chancellerie du Magistrato di Corsica. Ce jour-là, devant Maître Gio Battista Fabiano, greffier dudit Magistrato et en présence des témoins requis, la République de Gênes, représentée en la circonstance par Gerardo Spinola, concède sous forme de bail emphytéotique le domaine de Galeria au Magnifique Luigi Saoli, fils du feu Gio. Battista, patricien génois.
Après un préambule qui présente les protagonistes et précise les limites du procoio, suivent 23 articles qui décrivent les droits et les devoirs du concessionnaire. Nous retrouvons là les clauses habituelles du contrat emphytéotique qui est la formule juridique privilégiée par Gênes au XVIIe et au XVIIIe siècle pour mettre en valeur les terres domaniales du littoral insulaire après l'échec de la politique d'inféodation précédente. Nous ne connaissons pas la superficie exacte du procoio ; cependant, tel qu'il est décrit par le contrat d'emphytéose, il s'étendait de part et d'autre du lit du Fangu, entre la chapelle dédiée à San Quilico et la mer, et englobait sur la rive droite les terres de rivo et vale di Ciucciaggia, Manso di Filosorma et Mozzicone, Chiornia, Tovarelli, Novalizza, Capitelli et Chiattone.
Sur la rive gauche, il englobait les terres dites de Barigione ou Barigiana, Fango, Valle di Tedi, e Canne et il Cafone, ce jusqu'à la mer, y comprises donc dans celles-ci les terres de Calca et Tanclagio, et, précise le notaire, les terres situées en ces endroits telles qu'elles ont été délimitées, définies et désignées dans le plan présenté par le Magnifico Saoli.
À la suite de cet acte notarié portant concession, signé à Gênes le 23 août 1704, le Magistrato di Corsica adresse, le 30 mars 1705, au commissaire de Calvi des lettres patentes mettant officiellement Luigi Saoli en possession du procoio. Cette annonce va faire immédiatement monter la tension dans la région car les habitants de Balagne, et surtout les Calenzanais, voyaient d'un mauvais œil la concession, à un patricien génois, de terres sur une partie desquelles au moins ils prétendaient avoir des droits utiles, et ce depuis toujours.
Mais ces sentiments ne sont rien à côté de la consternation qui s'empare des Niolins qui désormais se sentent menacés dans leur existence même. En effet, le domaine de Galeria composait, avec les terres du Filosorma, du Marzulinu et du Sia un vaste no man's land, presque vierge d'habitat permanent, qui constituait l'un des principaux débouchés traditionnels de la transhumance des Niolins, obligés de quitter à la mauvaise saison leurs montagnes enneigées pour nourrir leurs très importants troupeaux. Aussi le domaine, objet de nombreux procès durant toute la période génoise, sera toujours en butte à l'hostilité des bergers niolins et victime d'incessantes déprédations ■

ANTOINE LAURENT SERPENTINI

ci-contre,

Le domaine de Galeria en 1704

(anciennes Archives régionales)

La vallée du Fangu

au XIXe siècle

À l'aube du XIXe siècle, la région du Fangu, aux dires des voyageurs et des fonctionnaires, est réputée déserte, situation qui tranche avec la période médiévale où les anciennes pièves de Chiumi, de Marsolino tout comme celles de Luzzipeo et de la Paratella étaient profondément humanisées. L'histoire troublée de la vallée, marquée par les luttes féodales, les épidémies de peste et les razzias barbaresques, a nourri les revendications des communautés de Calenzana et de Moncale, héritières des pièves disparues.

En effet, pendant toute la période moderne, cette zone constitua légitimement une terre de pacages pour les troupeaux balanins, mais ce vaste espace, jugé abandonné par ses habitants, devint aussi un objet de convoitise pour les pasteurs du Niolu en quête de lieux de transhumance pour les mois d'hiver. Cette concurrence entre les communautés balanines et niolines fut une source de conflits et d'affrontements que ni les autorités génoises ni les autorités françaises ne réussirent à régler.

Le Prince Roland Bonaparte dans la vallée du Fangu en 1887 (Cliché Philippon, collection R. Albertini)

En 1806, les rapports des sieurs Buonaccorsi et Maraninchi, respectivement maires de Calenzana et de Moncale, témoignent de la vigueur des revendications, Calenzana et Moncale se prévalant avec force d'une exploitation de ces lieux depuis le XVIe siècle, les villages du Niolu arguant d'une concession emphytéotique accordée par les Génois et reconnue officiellement par les autorités françaises qui, par ailleurs, voulaient faire passer une partie de ces terres dans le domaine public.

Pour mettre fin à cet imbroglio juridique, mis en évidence entre 1809 et 1812 par la Commission d'enquête impériale, les gouvernants proposèrent une convention de partage entre les communes concernées et l'administration des Domaines en avril 1827, convention entérinée par la loi du 17 mai 1834 : environ 40 % des terres passèrent à l'État sous forme de forêts domaniales, soit 14 397 ha, 35 % échurent aux communes du Niolu, 20 % à Ota et Evisa et 5 % à Calenzana et Moncale.

ci-dessous. Dans le vieux village de Tuarelli

(Cliché Michel Claude Weiss)

Est-ce pour autant la renaissance de la région ? Pour les communautés niolines, un décret ne pouvait d'un trait de plume réduire un territoire vital à leur survie ! Des heurts sporadiques continuèrent à se produire aux marges du Falasorma, dans le Marzulinu et le Luzzipeu, entre Niolins, Calvais et Calenzanais. Certes, la région occupée par une dense forêt de chênes verts et un haut maquis où abondent les arbousiers, devient le lieu de production d'un excellent charbon de bois, que viennent charger à Galeria un grand nombre de navires, mais la vallée du Fangu demeure un espace de parcours géré collectivement par les communautés du Niolu.

Les témoignages des fonctionnaires mentionnant la double résidence des bergers (7 mois à Mansu, 4-5 mois au Niolu) ou l'occupation saisonnière de la vallée montrent bien l'existence d'un peuplement fluctuant, mal stabilisé, gêné par la forte impaludation de la région. Il faut attendre la création des communes de Mansu et de Galeria (loi du 18 mai 1864) sous le second Empire pour voir l'habitat se cristalliser autour de quelques noyaux importants comme Barghjana, Prizzuna, Mansu, Calca, Galeria. La population se sédentarise progressivement sans pour autant rompre les liens avec les « communes mères » du Niolu.

La permanence des patronymes, Acquaviva, Santucci, Bicchieray à Mansu, Spinosi, Luciani, Alfonsi, Corteggiani à Galeria tout comme l'étude des aires matrimoniales mettent en évidence des réseaux privilégiés entre Corscia, Lozzi et Mansu, entre Pietra-Zitamboli, Calasima, Albertacce et Galeria. L'existence d'une mairie, d'une église et d'une école favorise la croissance de Galeria, qui passe de 910 habitants en 1 866 à 1 127 en 1896, tout comme elle permet l'essor de Mansu (258 habitants en 1866, 499 en 1896) ; toutefois, à la fin du XIXe siècle, la vallée du Fangu constitue toujours avec le Niolu un espace culturel, avec ses liens, ses nœuds, ses réseaux

Evelyne Gabrielli

L'utilisation des forêts

dans le bassin du Fangu

Comme beaucoup de forêts de l'île, celles de la vallée du Fangu ont présenté un vif intérêt pour la construction navale. Par exemple, l'intérêt du pin laricio pour la confection des mâts et bordages est constant. Du pin laricio on extrait le goudron pour le calfatage des coques ; il sera aussi employé pour la construction de charpente et pour la menuiserie.

Les marines génoise et française ont utilisé, depuis le XVIe siècle, les ressources des forêts de la vallée. C'est ainsi, que les différentes administrations, vont priver les bergers de la jouissance collective de ces territoires, entraînant des contentieux, qui sont toujours d'actualité.

Charbonnière (coupe)

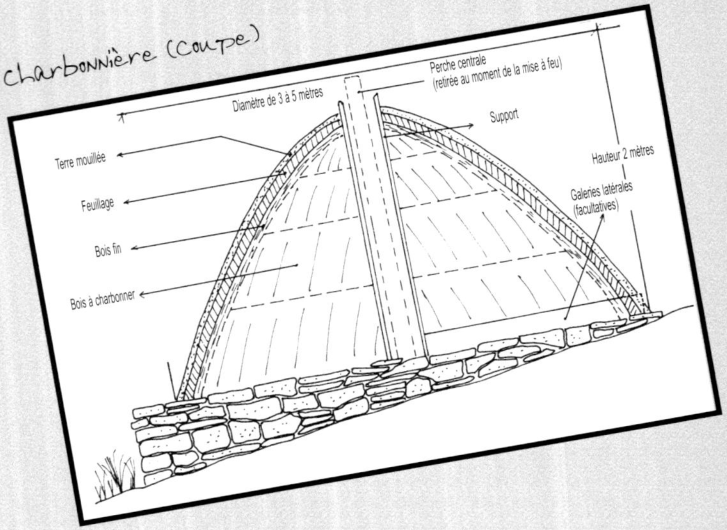

Par ailleurs, les forêts et maquis du bassin du Fangu vont offrir une ressource énergétique pour l'usage domestique mais aussi pour les besoins de l'industrie métallurgique, utilisatrice de charbon de bois, qui va se développer à partir de 1840 avec la création des hauts fourneaux de Solenzara et de Toga.

Reconnaissant au chêne vert et aux différentes espèces du maquis toutes les qualités requises pour cet usage, les forêts du Falasorma, qu'elles soient domaniales, communales soumises au régime forestier ou non, privées, vont être marquées par une exploitation notable à caractère industriel. Cette activité va générer une intense activité portuaire à Galeria et va contribuer au développement d'une population dans la vallée qui atteindra son apogée à la fin du XIXe siècle. L'arrêt de l'industrie métallurgique en Corse, entre 1875 et 1885, va heureusement ralentir une surexploitation qui mettait en danger l'avenir des massifs forestiers, et qui continuera de façon plus contrôlée pour les besoins domestiques locaux et l'exportation vers l'Italie et l'Espagne.

La crise mondiale de 1929, et ses conséquences, qui amena l'Italie à se replier sur elle-même et entraîna l'Espagne dans la guerre civile, va contribuer à ralentir l'exploitation, qui reprendra durant la guerre 1939-1945 pour la fabrication de gazogène. L'apparition du gaz domestique dans les années 50 signera l'arrêt de ce type d'exploitation. Seules des coupes extraordinaires, pour le

ci-dessous. Produits présumés des coupes dans les forêts du bassin du Fangu (en m³)

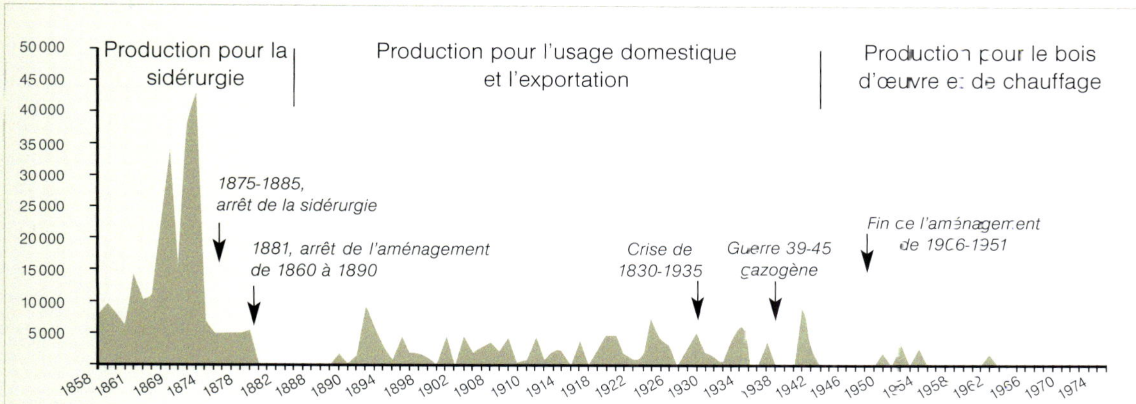

bois d'œuvre seront alors réalisées, ainsi que des coupes pour les besoins locaux en bois de chauffage.

Tous les massifs forestiers furent affectés par cette exploitation, réalisée par des ouvriers italiens originaires de Toscane, dont certains ont fait souche dans la vallée. Ils fabriquaient le charbon de bois à partir de la charbonnière traditionnelle ou, durant la guerre 1939-1945, avec des fours métalliques.

D'après les documents d'archives et les témoignages des gens de la vallée, l'exploitation industrielle pour la fabrication du charbon de bois débute vers 1840 par l'exploitation du massif forestier du Lucciu, le plus proche des ports (Focolara, Elbu, Galeria), les routes forestières n'existant pas encore.

Le plan d'aménagement forestier de 1861, fixé pour 30 ans, a entraîné une surexploitation des forêts du Lucciu et de Tetti, justifiant l'arrêt des exploitations en 1881.

Le plan d'aménagement suivant (1904-1951), réalisé par coupes biennales, a permis une exploitation plus régulière, préservant l'avenir de la forêt. Après la guerre 1939-1945, les besoins en charbon de bois diminuant fortement, toutes les coupes ne furent pas vendues.

Le plan d'aménagement de 1987-2006, basé sur la protection contre l'incendie, la regénération et la mise en valeur de cette remarquable yeuseraie, classée comme réserve MAB, ne sera pas totalement réalisé, faute de moyens.

Les forêts communales du Falasorma, sur les communes de Mansu et de Galeria, appartenant dans l'indivision aux cinq communes du Niolu ainsi qu'à celles de Calenzana et de Moncale, furent aussi exploitées de façon importante, en fonction des possibilités d'accès ■

JEAN-PIERRE FONTANA

L'époque contemporaine

le XXe siècle

Le XXe siècle est marqué par deux périodes d'inégale durée. La première peut être considérée comme un temps de crises ; elle va s'étaler sur les trois quarts du siècle et marquer d'une forte empreinte négative les paysages. Les deux guerres mondiales ont eu des effets dévastateurs, surtout la première. Elles ont conduit au bouleversement des structures démographiques, à l'abandon des espaces ruraux les plus reculés, à l'essor des villes et à l'attrait du continent vers lequel partent beaucoup d'éléments dynamiques, à la chute des productions agricoles et animales concurrencées par les importations à très bas prix, d'où une croissance rapide des friches et une reprise du maquis qu'il faut souvent incendier pour lutter contre son dynamisme... Les processus sont bien connus et non spécifiques à la seule Corse ! Sans nul doute, la vallée du Fangu a-t-elle été davantage marquée par ces phénomènes en raison de son enclavement.

L'exploitation du charbon de bois fut une activité importante dans la vallée. Existante déjà au XIXe – on raconte qu'il y aurait eu jusqu'à 16 voiliers mouillés dans le golfe de Galeria dans les années 1880 –, elle se continua jusqu'en 1936. C'était essentiellement des Italiens qui étaient chargés de couper le bois en forêt et de fabriquer le charbon en hiver et au printemps. Leurs conditions de vie étaient très difficiles. Des mulets transportaient le charbon de bois produit jusqu'aux aires de stockage. Devant le village de Galeria, les traces de deux grandes aires « a carbonara » existaient encore dans les années 1960 : un certain nombre de leurs habitants (surtout des femmes) étaient occupés à transférer, à l'aire de lourds couffins portés sur la tête, le produit sur des barques, puis sur les voiliers italiens mouillés à quelques encablures de là. Ces expéditions se faisaient non seulement à destination de l'Italie et de l'Espagne, mais aussi en direction des marchés de consommation urbains corses ainsi que des industries implantées à Bastia, approvisionnées, entre autres, par la Société Toga qui avait une maison à Galeria et dont le nom est parvenu jusqu'à nous. La mémoire collective a gardé aussi le souvenir de quelques fortunes de

Le hameau de Caca privé de ses ajouts récents
(Cliché Michel Claude Weiss)

ci-dessous. Le tourisme, partie intégrante de l'économie du Fangu aujourd'hui (Cliché PNRC)

mer : ainsi devant Galeria, celle du San Ghjuseppe en 1923 ou de la Maria Luisa ; leurs restes émergeaient encore du sable jusque dans les années cinquante.
Autre production tirée de l'exploitation de la forêt au début du siècle : celle des ébauchons de pipe à partir des racines de bruyères qu'il fallait nettoyer soigneusement, puis faire bouillir dans de grands chaudrons de cuivre, avant de les faire sécher et de les couper à la scie mécanique et, enfin, de les expédier dans le Jura (Saint-Claude). Cette exploitation avait lieu dans l'actuelle Maison de la Mer, base technique des employés de la Réserve naturelle.
L'agriculture continuait à être dominée par la polyculture : les moulins à huile et à blé en sont des témoignages ; un peu de vigne alors que des jardins, le long des thalwegs ou à proximité du fleuve et de sources, fournissaient des légumes et des fruits, comme le cédrat. Les fromages étaient échangés contre de la farine de châtaigne en provenance surtout de la région d'Evisa.
La deuxième guerre mondiale a fait disparaître ces activités ; les villages et surtout les hameaux continuent à perdre une grande partie de leur population. C'est l'époque d'une certaine désespérance d'où sortira, dans la décennie 1970, la contestation régionaliste puis nationaliste avec ses débordements : la vallée a connu, elle aussi, quelques plasticages.
Toutefois, tout n'est pas que désespérance dans ce siècle. Le Plan d'Action Régional de 1957, puis le Schéma d'aménagement régional de 1971 mettent l'accent sur la

modernisation agricole des plaines littorales et sur le tourisme considéré, dès 1957, comme « le levier du développement de la Corse », ce qu'il est devenu avec quelques décennies de retard. En 1960, une société agricole de 254 ha fut constituée afin d'exploiter le domaine de Vaïtella où furent plantés des vignes et des agrumes (en grande partie disparus). C'est à cette époque que commencent à se construire les premiers hôtels à Galeria sous l'impulsion notamment de retraités de la gendarmerie ou de l'armée. Ils remplacent les deux très modestes hôtels-restaurants-épiceries-bars existant entre les deux Guerres, qui accueillaient les quelques passagers des cars du PLM Calvi-Piana-Calvi et les rares touristes alors de passage : quelques Anglais, des continentaux, parfois en vélos et pratiquant le camping ; ils étaient les annonciateurs d'une nouvelle époque et les témoins d'une autre qui s'achevait. Le voyage touristique était alors une vraie aventure !

Gérard Richez

La vie traditionnelle

Les habitants du Falasorma s'identifient de manière duelle : même si d'aucuns nomment le Falasorma « Petite Balagne », eux-mêmes ne se considèrent pas de Balagne, région qu'ils n'apprécient pas toujours, mais se sentent profondément du Niolu, région qu'ils portent dans leur cœur. Une formule résume leur identité de berger niolin « *Surtemu di u pilone* » « nous sortons du *pilone* » (pèlerine en poils de chèvre imperméable, portée par les bergers).

Les Balanins étaient considérés comme riches par les habitants du Falasorma, des chevriers essentiellement. Ainsi, la majorité des marchands qui achetaient les fromages et récupéraient le fruit d'un dur labeur (ces affineurs étaient nommés péjorativement *incittaghji* : accapareurs) étaient originaires de Balagne (Calenzana, Santa Reparata...). Il convient d'envisager cette division d'un point de vue diachronique. En effet, au XIXe siècle, la hiérarchie était inverse car le Falasorma était la propriété des communes ou des familles (absence de bail). Quant aux bergers balanins, ils étaient locataires de leurs pâturages et ce jusqu'à l'implantation de la Société Roquefort qui modifia profondément cette structure.

Berger habillé de son pilone (Cliché Michel Claude Weiss)

Jusqu'aux dernières décennies du XXe siècle, les rites de passage (mariage, baptême...) avaient majoritairement lieu dans le Niolu. D'ailleurs, « la transhumance des morts » effectuée sur un mulet, pour être enterré dans le village d'origine – pratique qui perdura jusqu'à la première guerre mondiale – témoigne de l'attachement viscéral au Niolu. Aujourd'hui encore, tout comme à l'époque paludéenne, en été, certains vieux bergers montent se refaire une santé dans le Niolu, ce qui dénote le maintien de liens organiques.

La transhumance

La transhumance était imposée au Niolu par les conditions climatiques rudes (empêchant de s'adonner à l'agriculture) et, dans le Falasorma, par les risques d'attraper le paludisme et la chaleur excessive induisant un manque de nourriture. Ces conditions climatiques imposèrent aux

ci-dessous, Utilisation du four à pain

(Collection, famille Canava)

hommes la pratique de la transhumance qui leur permit une utilisation optimale de l'écosystème et de l'espace.

- *l'impiaghjera* (vers la plaine)
- *a muntagnera* (vers la montagne)

Même si ces deux transhumances empruntaient le même parcours, il s'agit de deux choses bien distinctes : l'une amenait les bergers vers des lieux déchargés de valeurs symboliques et sentimentales, l'autre les ramenait vers leur village natal ; d'ailleurs, le voyage vers les terres basses était considéré comme le trajet aller (ce qui est le contraire aujourd'hui).

La plupart des discours sur la transhumance sont enflammés et empreints de nostalgie. Certes, des moments difficiles voire tragiques sont parfois évoqués, mais les propos dithyrambiques concernant cette époque sont les plus fréquents.

La nostalgie d'un lieu (de parcours) induit un embellissement de la réalité. Les activités agro-pastorales ont laissé place à une société sclérosée qui vit sur ses souvenirs. La transhumance d'autrefois favorisait les contacts et toute une vie communautaire (entraide, échanges, veillées, fêtes...). Aujourd'hui, nos enquêtes font apparaître que la sociabilité liée à ces activités a disparu ou ne perdure que sous des formes résiduelles, dégradées, souvent identifiées négativement.

Une des spécificités que revêt la transhumance, en Corse, est son aspect familial. Certains auteurs, d'ailleurs, emploient le terme de « semi-nomadisme », mais cela correspond plutôt à la situation antérieure au XIXe siècle, la sédentarisation progressive s'étant faite à la fin du XIXe siècle, avec le développement d'une agriculture vivrière et d'une polyculture. Ces différentes modalités de la transhumance doivent être étudiées dans une perspective historique. Au XIXe siècle, le berger et sa famille circulaient ainsi sur le territoire communal. L'organisation spatio-temporelle résidait en trois actes :

– Le lieu d'habitation principal, « point fixe d'enracinement du groupe familial » (Mémorial des Corses) était le village niolin. Les bergers le quittaient pour aller faire pâturer leurs bêtes entre 1 500 m et 2 000 m d'altitude. Là, ils vivaient entre hommes, dans leurs bergeries d'été respectives qu'ils occupaient aux mois de juin et juillet. Les repas se composaient essentiellement de *pulenda*, fromage, oignon et charcuterie, même si les adolescents montaient fréquemment à la bergerie avec quelques victuailles (tomates, *pane biscottu*...).

	Janvier	Février	Mars	Avril	Mai	Juin	Juillet	Août	Septembre	Octobre	Novembre	Décembre
Chèvres				vente cabris de Pâques	Muntagnera				Impiaghjera			vente cabris de Noël
Porcs										Engraissement		Tuaille
Blé						Moisson				1er labour	Semailles	
Seigle							Moisson	Semailles				
Olives	Ramassage	Ramassage	Ramassage	Ramassage							Ramassage	Ramassage
Châtaignes										Nettoyage	Cueillette	Cueillette
Vigne		Taille	Piocher	Fumure					Vendanges			
Ruches												
Cultures à sec												
Haricots et PdT			Bêchage			Plantation						
Arba Tavacca						Plantation				Récolte		
Lin						Récolte	Récolte				Semailles	

Saint-Pancrace : 12 mai — Saint-Antoine : 13 juin — Santa di u Niolu : 8-10 septembre

– À partir de fin juillet, lorsque les chèvres ne produisaient plus de lait, les bergers lâchaient leur troupeau et redescendaient dans leur village, ne montant plus qu'une fois par semaine dans leur estive. Pour les habitants de Lozzi, par exemple, c'est la date de la fête patronale — Saint-Jacques le Majeur (le 25 juillet) — qui marquait la redescente vers le village.

– Ils y restaient jusqu'à *l'impiaghjera*. La transhumance vers le Falasorma ou le Marzulinu avait lieu fin septembre ou début octobre. La foire de A Santa di u Niolu, le 8 septembre, jour de la Nativité de la Vierge Marie, donnait en quelque sorte le signal de départ de *l'impiaghjera*.

La transhumance vers le Niolu s'effectuait soit dès les premiers jours de juin, soit après la Saint-Antoine, patron des bergers (cette date étant celle ultime du départ *di a muntagnera*). Basée sur l'observation du comportement de leurs bêtes (on pourrait la qualifier d'éthologie empirique), la date de départ était décidée quand les chèvres, en quête d'une nourriture devenue trop rare s'éloignaient afin de trouver quelque pâturage nécessaire à leur subsistance.

Actuellement, *a muntagnera* se fait après tarissement des bêtes.

Le calendrier pastoral des transhumances et le fait que tout le groupe familial ne migrait pas en même temps permettaient la pratique cyclique d'activités agricoles. Les familles étaient, en effet, scindées en deux afin de pouvoir effectuer tous les travaux agro-pastoraux, au Niolu et dans le Falasorma. Une partie s'établissait à la plaine où elle se consacrait aux activités agricoles, tandis que l'autre partie transhumait plus précocement.

Cela permettait une vie en autarcie où produits du Niolu (châtaignes, raisin, seigle, céréales...) et produits du pastoralisme du Falasorma constituaient une réserve suffisante à l'autosubsistance.

L'évolution du Falasorma et du Marsulinu, au XXe siècle, perceptible dans le paysage comme dans les activités, se résume à un abandon de la vie quasi autarcique reposant sur une polyactivité familiale et à l'entrée dans un système économique où troc et entraide ont progressivement été remplacés par l'argent

Hélène Nivaggioli

page suivante,
Tundera (tonte) à Amacu
(Cliché X, collection F. Maraninchi-Acquaviva)

Pampasgiolu et Peppu Flori

Pampasgiolu

Don Ghjaseppu Giansilj (1901-1977), dit Pampasgiolu, est célébré dans l'île tout entière. Qui ne cite aujourd'hui ce pseudonyme de fleur des champs comme parangon de poésie populaire, simple et naturelle ? À laquelle on aime à associer une voix latine porteuse d'un chant inspiré qui résonnait et se mettait en évidence dans de brillantes joutes de foire où le poète semblait comme dans son jardin. C'est en effet cette expression paysanne d'une vie droite et pure comme les montagnes qui l'ont engendrée qui nous est constamment renvoyée de nos jours dans une évocation qui confine parfois au mythe. Or, les témoignages de ceux qui ont connu et côtoyé l'homme s'accordent à souligner un parcours sans histoires et une immense modestie. Cela peut surprendre à notre époque où à la faveur de rapides succès ou de modes versatiles, on nous habituerait plutôt à d'étonnantes confusions des valeurs.

Pampasgiolu (Cliché M. Flori)

On nous présente le poète comme élégant et racé, bien fait de sa personne, ne dédaignant pas la pose des jeunes gens de son époque : long fume-cigarette et belle allure d'entre-deux-guerres, lorsqu'il fréquentait les fêtes de village ou qu'il menait sérénade aux jeunes normaliennes en poste à l'école de son village. La célèbre composition *Bongiornu o madamicella* sera chantonnée par des générations de soupirants sans perdre de son charme, alors que son auteur ne trouvera jamais lui-même l'âme sœur : les jeunes filles d'alors préféraient sans doute chez un garçon la séduction concrè-

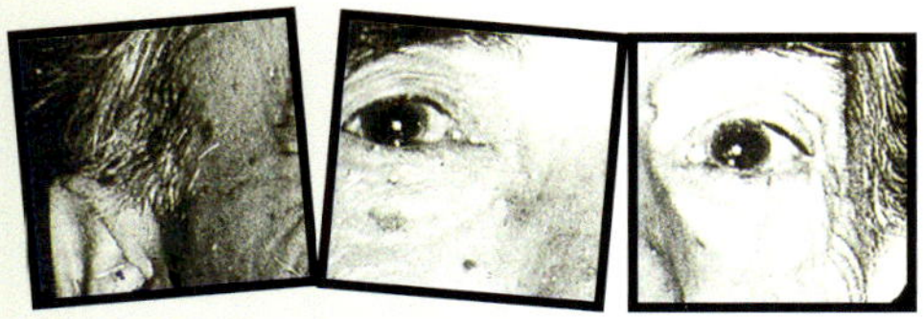

ci-dessous, Peppu Flori

(Cliché F. Flori)

te d'un emploi stable à celle plus fine de l'esprit ! Lorsqu'il se rendait à la Santa di u Niolu, il était attendu, apprécié et chacune de ses compositions admirée : une voix au timbre agréable, une incontestable fraîcheur d'inspiration, une élégance d'attitude, mais aussi une affabilité naturelle d'où il savait exclure toute agressivité inutile ou toute critique vexatoire, ont contribué à entretenir une sorte de légende du personnage, éclose de la foire elle-même et comme faite pour cette traditionnelle fête populaire.

JACQUES FUSINA

Peppu Flori

Peppu Flori, né en 1898 à Prizzuna (Galeria) et décédé à Ajaccio le 26 août 1972, est une figure très connue du bassin du Fangu. Le poète et écrivain, que Lenzulone disait attaché à la tradition, fier de l'histoire locale et toujours disposé à mettre en valeur l'une et l'autre, était particulièrement apprécié voire aimé de ses contemporains.
Entre autres, il a su chanter le Retour :

Cume se scupria un altru mondu,
Da nantu lu battellu in pienu mare,
Rivegu u Monte Cintu, u Ritondu,
L'Incudine e tutte l'altre sare.

Ricunoscu e mio muntagne care
Bianche di neve o tinte di verdura,
E le surgente cristalline e chiare,
Cumplettanu una magica pittura

ANGÈLE SANTUCCI

Galeria de nos jours (Cliché Michel claude Weiss)

Le Fangu aujourd'hui

Chapitre V

Vivre le Fangu aujourd'hui

Comme quelques autres vallées corses, celle du Fangu est à l'aube d'une nouvelle période. Elle est marquée à la fois par un certain renouveau des activités agricoles et pastorales, très porteur d'espoir, et par le récent développement des activités touristiques et récréatives qui introduisent et accroissent les différences notables entre les divers types de milieux. Les paysages et la société sont donc entrés dans une nouvelle phase de leur histoire. Enfin, cette vallée et son voisinage immédiat sont le support de très nombreuses mesures de protection de la nature, qui n'ont pas encore toutes donné leur pleine mesure.

Parmi les activités traditionnelles, il faut signaler les mutations agricoles et pastorales importantes apparues il y a quelques années qui, lentement, donnent au Marzulinu un aspect de grand bocage en l'opposant fortement au Falasorma domaine du maquis et des espaces à l'abandon.

La rue principale de Galeria (Cliché M.C. Weiss)

La vallée du Fangu constitue l'exemple le plus remarquable en Corse des efforts faits en direction de la protection de la nature. Outre l'existence, depuis le XIXe siècle, de la très intéressante forêt domaniale, cette vallée fut intégrée, en 1972, dans le territoire du Parc naturel régional. Dans le voisinage immédiat, se situe la prestigieuse Réserve naturelle de Scandola qui a fêté son 25e anniversaire en l'an 2000 et dont le personnel vit à Galeria. Depuis 1977, la vallée fait partie d'une Réserve de Biosphère du programme international Man and Biosphere (MAB) dont les effets sur le terrain sont encore timides. La zone deltaïque a été achetée en 1987 par le Conservatoire du littoral qui veille au maintien et au respect de ce type d'espaces naturels très précieux au plan biologique et paysager. Enfin, elle avait été intégrée dans le projet du Parc national marin qui fut refusé en octobre 2000. On pourrait ajouter encore le très récent recrutement d'un technicien de rivière. L'importance et la variété de ces protections montrent bien, si besoin était, la très exceptionnelle qualité des milieux, et les fortes potentialités touristiques et récréatives qu'ils recèlent.

À ces attraits, il faut ajouter ceux liés aux deux plages très dissemblables, au fleuve qui, dans sa partie média-

ci-dessous, Galeria dispose aujourd'hui des infrastructures nécessaires au développement du tourisme, ici l'Idéal Camping (Cliché M.C. Weiss)

ne, offre à la baignade ces trous et marmites de géants développés dans les gorges qui font la joie des visiteurs de passage ou des touristes établis à Galeria voire en provenance de Calvi. Les enquêtes de fréquentation effectuées en 1992 et 1993 montrent bien, au côté de la plage, le rôle joué par ces attractions touristiques fortes. La présence de la haute montagne et du GR 20, exceptionnellement proches ici, ainsi que du sentier « Tra Mare è Monti » attire aussi un public de randonneurs.

La vallée dispose de nombreuses possibilités pour le tourisme culturel en raison de son patrimoine archéologique et historique, et de la présence de témoignages ruraux et vernaculaires tout à fait intéressants, non encore mis en valeur : fours, moulins à huile, sentier de transhumance majestueux de Caprunale, chapelles, hameaux abandonnés...

En ce qui concerne les infrastructures d'accueil, la vallée du Fangu se caractérise par son caractère avant tout familial et sportif. La commune de Mansu dispose de deux petits gîtes d'étape. À cela, il faut ajouter un certain nombre de maisons devenues des résidences secondaires du fait du départ de leurs anciens occupants qui y retournent soit les fins de semaine soit durant les vacances. Les bords du fleuve, dans sa partie la plus rocheuse, ont été le support de réalisations de plus d'une vingtaine de résidences temporaires ou permanentes.

Le village de Galeria a profité de sa situation en bord de mer, à l'écart des excès du fleuve, dans un site bien abrité et disposant d'une plage de sable fin. Il s'agit d'une toute petite station touristique dotée d'hôtels, de chambres d'hôtes, d'un gîte privé, d'une résidence de tourisme, de deux terrains de camping, auxquels s'ajoutent des résidences secondaires. Les gestionnaires du Parc naturel ont rénové une vieille bâtisse (l'ancienne gendarmerie !) pour y installer la « Casa Marina », un très remarquable centre d'accueil, notamment pour les scolaires. Les Corses sont propriétaires de la quasi-totalité des infrastructures d'accueil.

On regrettera toutefois que la collectivité publique n'ait pas pris en compte les effets négatifs de l'urbanisation des bords de mer qui, si elle favorise quelques heureux privilégiés, complique l'accès du plus grand nombre à cet espace très précieux à la fois pour les besoins de la baignade mais aussi pour l'image positive de la station qu'il donne.

Galeria dispose depuis peu d'un petit port-abri qui accueille les quatre bateaux de pêche artisanale dont les produits n'ont pas de peine à être écoulés durant l'été ; d'autant que le patron de l'un d'entre eux est aussi restaurateur, ce qui permet une valorisation maximum de la production. Il abrite aussi les embarcations des deux clubs de plongée (dont l'un est cité en Corse comme une référence) et celle, plus modeste, de la Réserve naturelle de Scandula. Plus ou moins régulièrement, un transporteur de Calvi effectuant la visite du littoral de la Réserve, accoste sur la plage pour prendre des clients. Une petite société calvaise s'est établie depuis peu pour louer des embarcations légères de type « zodiac » ; cela permet une découverte plus intime de la richesse du littoral pour un public plus large.

Les deux incendies de la fin de l'été 2000, à l'entrée de la vallée, ont rappelé la permanence de ce danger pour cette dépression en cul-de-sac

Gérard Richez

ci-contre,
Le port-abri de Galeria
(Cliché M.C. Weiss)

page suivante,
la réserve naturelle de scandola
(Cliché L. Franceschini)

Le Falasorma

une démographie sans excès

Appréhender la démographie du Falasorma revient en fait à analyser l'évolution de Galeria et de Mansu. En effet, Calenzana, malgré sa proximité géographique, appartient largement à un autre univers et son territoire n'entre que marginalement dans notre domaine.

Galeria et Mansu constituent, même sur le plan humain, une marge occidentale de la Balagne : moins peuplées, moins urbanisées, moins actives que le littoral balanin voisin, elles demeurent globalement plus dynamiques et plus équilibrées que les régions de l'intérieur de l'île.

Graphique d'évolution de la démographie

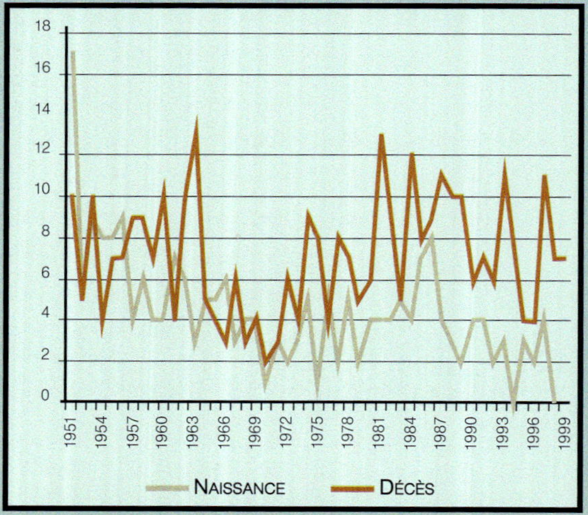

Sur près d'un demi-siècle, de 1951 à 1999, les deux communes enregistrent au total 214 naissances pour 348 décès. Une évolution contemporaine contrastée, marquée globalement par l'affirmation des déficits naturels. Deux phénomènes concourent certainement à cette situation : d'une part la chute de la fécondité qui limite le nombre de naissances par femme en âge de procréer, et plus largement par couple installé dans chacune des communes ; d'autre part un certain vieillissement de la population qui favorise à la fois l'affirmation de la mortalité (là aussi malgré un allongement de la vie et donc un recul des taux de mortalité) et le recul relatif du nombre des naissances (rapporté à la population générale). Au total, le déficit naturel de – 134 n'a pu agir que partiellement sur le retrait démographique des deux communes. Il s'y est certainement ajouté une érosion liée au mouvement de départ d'une partie de la population. On comprend bien entendu que les deux phénomènes soient liés, et trahissent le retrait démographique de la microrégion. On aura cependant à cœur de ne pas oublier que ces données sont relatives, et sont sans préjudice de la présence de jeunes et d'actifs. Il existe malheureusement dans l'île bien des régions où la situation humaine est largement plus dégradée

MICHEL CASTELLANI

page suivante,
Procession du 15 août à Galeria
(Cliché PNRC)

Le régime foncier

Il n'y a pas à proprement parler de régime particulier de la vallée du Fangu puisque ce sont évidemment les règles du droit immobilier français qui régissent ce territoire. Tout au plus, peut-on employer le mot « régime » pour signaler l'existence d'une situation de fait particulière.

Celle-ci n'est pas fondamentalement exceptionnelle puisqu'elle résulte de la confrontation habituelle des pratiques communautaires médiévales et des droits étatiques génois puis français. Le particularisme consiste plutôt, comme c'est fréquemment le cas en Corse, dans la survivance des problèmes, constituant par là un exemple parmi d'autres du « désordre juridique foncier » suscitant des prétentions contradictoires des Calenzanais et Moncalais d'une part et des Niolins d'autre part depuis le début du XVIIIe siècle. La situation juridique foncière actuelle du Fangu est issue d'une histoire séculaire dont il convient de rappeler les principales étapes.

Utilisé de façon communautaire depuis « des temps immémoriaux » par des bergers niolins transhumants, conformément à l'article XXXIX des Statuti Civili de 1571, le Fangu comme l'ensemble du procoio de Galeria était concédé le 23 août 1704 à Luigi Saoli par la suite déchu de ses droits. Le 17 mars 1751, ces terres faisaient l'objet d'une nouvelle concession en emphytéose perpétuelle au profit des « habitants de la pieve de Niolo » qui furent confirmés dans leurs droits en 1771 par l'intendant Colla de Pradines.

Après quelques concessions éphémères, nous arrivons à l'arrêt du Conseil Supérieur de Bastia du 4 mai 1790 qui reconnaissait aux communautés et pieve de Niolu, le bénéfice de l'emphytéose de 1751. Cette emphytéose portait indubitablement les stigmates de la féodalité : il y était notamment stipulé, des droits de lods, généralement considérés comme les critères décisifs. En application de la loi du 17 juillet 1793 qui mit fin au régime féodal, les communes niolines auraient dû être considérées comme propriétaires. Pourtant en l'an IV, le Plan Terrier ne mentionnait pour le domaine de Galeria, que 91 036, 62 arpents « prétendus par la Nation » et 231, 21 pour « les citoyens ».

En 1806, un certain Paccioni « capitaine retiré au Nom et comme fondé de pouvoir des cinq communes du

Mémoire des Niolins

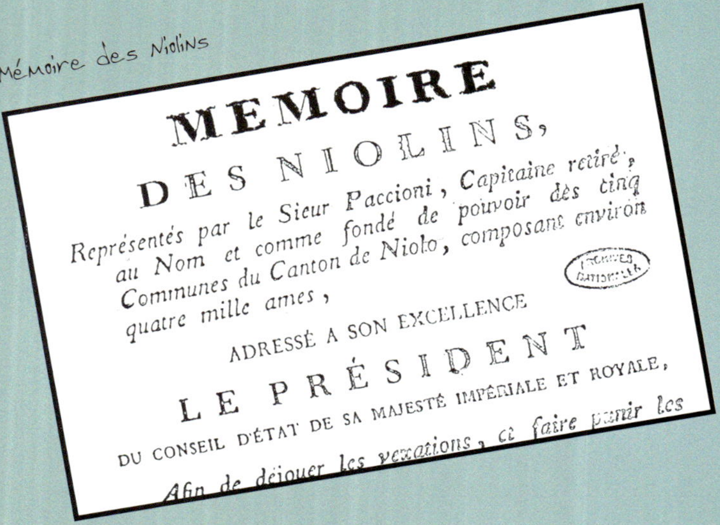
MEMOIRE DES NIOLINS,

Représentés par le Sieur Paccioni, Capitaine retiré, au Nom et comme fondé de pouvoir des cinq Communes du Canton de Niolo, composant environ quatre mille ames,

ADRESSÉ A SON EXCELLENCE

LE PRÉSIDENT

DU CONSEIL D'ÉTAT DE SA MAJESTÉ IMPÉRIALE ET ROYALE,

Afin de déjouer les vexations, et faire punir les

Napoléon, par la grace de Dieu
volonté nationale Empereur des Français,

ci-dessous, extrait de la Loi relative à la concession de Terres domaniales situées en Corse

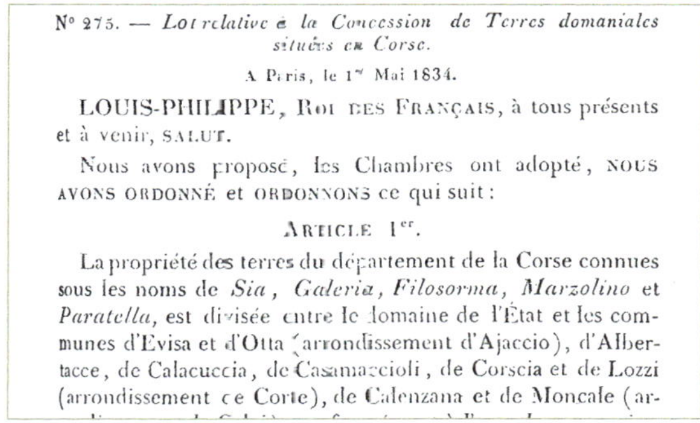

N° 275. — *Loi relative à la Concession de Terres domaniales situées en Corse.*

A Paris, le 1er Mai 1834.

LOUIS-PHILIPPE, ROI DES FRANÇAIS, à tous présents et à venir, SALUT.

Nous avons proposé, les Chambres ont adopté, NOUS AVONS ORDONNÉ et ORDONNONS ce qui suit :

ARTICLE 1er.

La propriété des terres du département de la Corse connues sous les noms de *Sia*, *Galeria*, *Filosorma*, *Marzolino* et *Paratella*, est divisée entre le domaine de l'État et les communes d'Evisa et d'Otta (arrondissement d'Ajaccio), d'Albertacce, de Calacuccia, de Casamaccioli, de Corscia et de Lozzi (arrondissement de Corte), de Calenzana et de Moncale (ar-

canton de Niolo » rédigea un « Mémoire des Niolins », imprimé de 21 pages, dont un exemplaire fut envoyé au ministre de l'Intérieur et l'autre, au président du Conseil d'État. L'objectif était de faire échec aux menées du maire de Calenzana, Bonaccorsi, qui voulait profiter de la Révolution pour « s'introduire dans les territoires des Niolins, par ces derniers possédés à juste titre depuis plusieurs siècles ». En annexe, dans la traduction du « contrat à perpétuité » du 17 mars 1751, le mot lods était imprimé en italique, preuve qu'on en avait vu l'importance sans pour autant réclamer autre chose que la confirmation et l'exécution des arrêts du Conseil Supérieur de 1790.

Le litige ne fut pas tranché, et le 26 avril 1827, une transaction fut conclue entre les maires d'Albertacce, Calacuccia, Casamaccioli, Corscia, Lozzi, Calenzana, Moncale, Evisa et Ota et les sous-préfets des trois arrondissements concernés. Cette transaction devait être entérinée par la loi du 17 mai 1834 intitulée curieusement « loi relative à la concession de terres domaniales situées en Corse ». Le problème foncier n'était pas résolu pour autant. Il allait être encore compliqué par la transaction Blondel du 23 août 1851 sur les forêts, la loi du 22 juin 1854 abolissant « la servitude de parcours », la création des communes de Mansu et Galeria par la loi du 18 mai 1864. Le 31 décembre 1865, par acte notarié, les cinq communes de Niolu partageaient les communaux du Filosorma dont elles jouissaient en commun conservant cependant des droits indivis.

De nos jours, le désordre perdure. Curiosité juridiquement acceptable, les communes du Niolu ainsi que Calenzana et Moncale apparaissent comme propriétaires fonciers sur les cadastres de Mansu et Galeria. Mais les limites des parcelles et les titres de propriétés restent incertains. Plusieurs procès ont ponctué le XXe siècle. C'est ainsi par exemple que le 25 octobre 1982, un arrêt de la Cour d'Appel de Bastia a confirmé les droits d'une hoirie nioline sur des parcelles litigieuses. En février 2000, une tentative de la municipalité de Lozzi de se constituer des titres de propriété sur des centaines de parcelles situées sur le territoire de Galeria et Mansu par prescription, selon les modalités prévues par la circulaire du Garde des Sceaux du 18 mai 1987 (issue des travaux de la commission dite Badinter sur « l'indivision » en Corse), s'est heurtée à une opposition de la commune de Calenzana ■

JEAN-YVES COPPOLANI

Une économie traditionnelle

Site naturel exceptionnel, le Fangu est caractérisé par la qualité et la diversité de ses paysages. Jadis fortement enclavée, vouée à une économie rurale de subsistance, ne supportant qu'une population saisonnière de bergers niolins, cette microrégion a considérablement évolué au cours de ces deux dernières décennies. Aujourd'hui, c'est le mariage entre la montagne et la mer. C'est l'union harmonieuse des contraires : d'une ceinture de hauts sommets en arc de cercle, dépassant 2 000 mètres, qui intimide le regard tant elle est spectaculaire, aux plages de sables et de galets du littoral en passant par des vallées verdoyantes plus ou moins encaissées, le Fangu dispose de nombreux atouts pour maintenir et développer une économie significative.

Le pastoralisme occupe une place importante (Cliché PNRC)

Comme dans le reste de l'île, l'élevage traditionnel – ovins et caprins laitiers – a connu, depuis l'après-guerre jusqu'à la fin des années 80, une chute brutale et impressionnante du nombre d'exploitations. L'élevage bovin, quant à lui, est marqué par une extension spectaculaire des effectifs en hommes et en cheptel depuis le début des années 70. L'établissement des primes communautaires de soutien aux productions à handicaps naturels n'est pas étranger à cette évolution. L'identification animale bovine, rendue obligatoire en 1995, a eu en partie pour effet de freiner cet accroissement. Malgré cette évolution régressive (hors bovins) de l'élevage, qui se traduit par un capital humain réduit, l'agriculture et le pastoralisme occupent une place importante dans le paysage socio-économique de la région.

L'élevage caprin et ovin

On compte aujourd'hui 4 troupeaux de chèvres endogènes dans le Fangu, soit environ 1 millier de têtes. De par l'hétérogénéité de ses pratiques, même s'il reste fondamentalement pastoral, l'élevage caprin apparaît comme étant une somme de « microfilières » où chaque éleveur produit, transforme, affine et vend. L'objectif commun recherché est d'optimiser la production laitière à travers l'amélioration de la conduite alimentaire ; d'où l'adoption de pratiques appropriées en fonction des conditions et des ressources qu'offre le milieu naturel. Certains bergers basent leur conduite sur une complémentation adaptée (sur toute la durée de la lactation) et sur l'utilisation du maquis, d'autres sur une complémentation hivernale, sur l'installation de prairies annuelles (type avoine) et sur l'utilisation du maquis. La taille moyenne des troupeaux est d'environ 250 têtes. Les exploitations, pour la plupart, ont réalisé ou réalisent des investissements structurants : chèvreries, machine à traire, matériel de culture, atelier fromager...

L'effectif ovin, d'environ 700 têtes de race corse, est réparti en 3 troupeaux. Les ovins retirent l'essentiel de leurs besoins des formations herbacées spontanées ou artificielles. La culture de céréales (avoine ou orge) destinées à être pâturées sur pied est très répandue. Cependant, ce choix agronomique, même s'il répond à un besoin (qui est de réduire le déficit fourrager des parcours durant l'automne/hiver), comporte un certain nombre d'inconvénients : fréquences d'intervention trop répétitives, pratiques culturales peu adaptées et donc peu respectueuses des conditions de milieu... C'est pourquoi, dans l'optique de concilier amélioration des parcours et protection de l'environnement, des structures œuvrant pour le développement agricole préconisent l'utilisation d'espèces et de variétés fourragères pérennes du type dactyle, trèfle souterrain comme alternative aux cultures annuelles. Tout comme les chevriers, les bergers de brebis réalisent des investissements structurants : achat de matériel de culture, mise aux normes ou construction d'ateliers fromagers...

Bien que marginale, car sous-produit du lait, la production de viande (agneau de lait et cabris) est loin d'être insignifiante. Elle permet l'obtention d'une valeur ajoutée non négligeable. Les mises bas des chèvres s'étalent de début novembre à mi-novembre, le berger souhaitant vendre ses cabris pour la Noël, période à laquelle sa consommation est une tradition et sa valorisation optimale. Les mises bas chez la brebis sont en règle générale plus précoces.

Quant à la transhumance, elle est en très nette régression. La plupart des troupeaux sont maintenant sédentarisés dans la vallée ou en marge de la vallée et ne pratiquent donc plus la transhumance vers la montagne. Seuls quelques bergers désireux de perpétuer la tradition ancestrale effectuent toujours à pied un tel parcours vers le Niolu via le col de Caprunale. La transhumance avec traite et fabrication de fromages ne se fait plus ; les animaux sont taris avant leur départ en estive.

La production fromagère

Elle est renommée par sa typicité (fromage type « Niolu »). Tout le lait produit est transformé en fromages fermiers par les éleveurs. Ils sont vendus soit frais, soit après affinage. La rentabilité fromagère du lait varie selon les saisons : il faut entre 2 et 3 litres de lait de brebis ou 4 à 6 litres de lait de chèvre pour la fabrication d'un fromage frais de 1 kg. La production globale de la région est estimée en moyenne, par an, à 30 000 fromages de chèvres et 22 000 fromages de brebis. La transformation du lait en fromage permet de valoriser de façon significative la production laitière. À cela, il faut ajouter la production de brocciu, qui est difficile à chiffrer car tous les éleveurs n'en fabriquent pas. La vocation touristique de la région permet d'écouler avantageusement l'ensemble de cette production auprès de marchés de proximité : à des particuliers ou à des commerces de Galeria, Calvi ou L'Ile-Rousse. La vente de fromages frais aux affineurs, une pratique courante autrefois, tend à disparaître. Un seul affineur est installé dans la vallée. Les fromages frais sont achetés à 1 ou 2 éleveurs 8 à 10 jours après leur fabrication.

Le fromage est fabriqué une fois par jour, le matin, avec le mélange du lait de la veille au soir et du lait chaud du matin. Le lait est transvasé dans une bassine de caillage *(a casgiatoghja)* avec de la présure *(u caghju)* du commerce ou fermière (fabriquée par l'éleveur à partir de l'estomac du cabri). L'emprésurage s'effectue à la température résultant du mélange des deux traites (entre 20 et 30° c). La durée de caillage varie de 2 et 3 heures. Le caillé peut être alors découpé *(rompu u casgiatu)* à l'aide d'un instrument en bois *(cochja)*. Cette opération de décaillage est effectuée rapidement (1 à 2 minutes). L'éleveur laisse ensuite reposer le lait environ 10 minutes Le sérum ou petit lait *(u seru)* remonte alors à la surface. La récolte du sérum surnageant s'effectue à l'aide d'une casserole. Un brassage assez fort du caillé restant dans la bassine est nécessaire. Le brassage terminé, l'éleveur effectue la mise en moule dans une forme *(a fatoghja)*. L'égouttage se fait sur une planche *(a scaffa)* durant 2 heures environ ; le caillé est alors retourné 2 fois. Il est ensuite enlevé de la forme et le berger procède, à la main, au salage d'une de ses faces. Il salera l'autre le lendemain. Le fromage est déposé dans un contenant en bois *(a trolla)* ; on lui donne une forme carrée. Puis il commence sa phase d'affinage qui durera environ 4 mois. Pendant plusieurs jours de suite le berger le tournera et le retournera, tout en le lissant à la main.

L'élevage bovin

Très difficile à évaluer, le cheptel bovin dans la vallée peut être estimé à environ 700 têtes. Cet élevage est caractérisé par la coexistence d'un cheptel maîtrisé ayant des objectifs de production et d'un cheptel soumis à la divagation, souvent sous-alimenté car sans support fourrager bien délimité. La production de viande issue de cet élevage est délicate à chiffrer ; elle n'est cependant pas négligeable sur le plan économique que ce soit au niveau de la vente en boucherie ou de la consommation familiale. La situation actuelle de l'élevage bovin et ses perspectives d'avenir sont très dépendantes de la mise en place d'une structure d'abattage proche.

ci-dessous, Vaches dans le maquis
(Cliché Michel Claude Weiss)

L'élevage porcin

Il n'est plus représenté que par un seul élevage possédant un effectif d'une cinquantaine de porcs charcutiers. La finalité de cette entreprise familiale est de produire une charcuterie corse de grande qualité, selon des procédés traditionnels. Ce type de production ne rencontre aucun problème de débouché.

L'oléiculture

L'olivier, après avoir perdu toute vocation économique en terme de fabrication d'huile d'olive, semble connaître depuis peu un regain d'intérêt. Quelques tentatives récentes de rénovation sur oliviers traditionnels (156 arbres sur 5 ha) et la mise en place de nouvelles plantations (environ 5 000 arbres plantés sur une vingtaine d'hectares) en témoignent, mais sont pour l'heure, de portée économique très limitée.

La viticulture

Dans les années 60, la vallée possédait un domaine viticole de 68 ha produisant environ 2 000 hectolitres de vin. Tous les cépages, rouges, rosés et blancs, y étaient représentés. Aujourd'hui le vignoble, qui n'a pas échappé au phénomène de l'arrachage, ne couvre plus que 18 ha. La production de vin est donc très modeste. Les 50 ha plantés anciennement en vigne n'ont fait l'objet d'aucune reconversion. Ces parcelles sont devenues des landes plus ou moins emmaquisées accueillant des bovins

Bruno Vincentelli

L'habitat

L'habitat de la vallée du Fangu revêt des aspects divers en fonction des époques de construction, des sites de réalisation et des fonctions attribuées aux bâtiments. Pourtant, du Moyen Âge jusqu'à la deuxième moitié du xxe siècle, la réalisation des constructions s'effectue dans un cadre unitaire où les formes architecturales sont copiées et recopiées, adaptées et assemblées en hameaux et en villages suivant le même mode de composition.

À l'époque contemporaine, avec la sédentarisation de l'habitat des bergers, une nouvelle catégorie d'habitations apparaît, les résidences secondaires. Cette rupture génère de nouvelles typologies d'habitat, une dislocation progressive de la morphologie de l'habitat groupé. Le raccordement aux réseaux électrique, d'eau potable et de téléphone, associé à l'évolution des moyens de construction des bâtiments avec l'accès aux outils manufacturés et aux éléments industriels préfabriqués, va considérablement transformer cet héritage paysager et urbain.

Le choix d'un site lors de l'implantation d'un bâtiment ou d'un groupe de bâtiments est fonction de plusieurs critères. L'idéal, depuis toujours, est de pouvoir assurer la sécurité et la subsistance des occupants ainsi que les échanges. Ces besoins sont parfois contradictoires. La sécurité exige un accès aisément défendable, une colline isolée, etc. Dans certains cas, ces implantations éloignent parfois ses occupants des voies de communication, ce qui condamne le site à l'abandon. Les constructions situées sur les hauteurs de part et d'autre de la vallée du Fangu, comme sur le plateau de Tetti trop en retrait des nouvelles routes, se sont peu à peu vidées de leurs occupants. En fait, il n'est pas étonnant que l'habitat temporaire des bergers, implanté au gré des étapes de la transhumance ou des pâtures, ait été concerné par cette évolution. Les habitats à caractère agro-pastoral des terres les plus fertiles des rives du Fangu ont mieux résisté, faisant preuve d'une meilleure capacité d'adaptation aux transformations économiques car installés sur les nouveaux passages, tandis que les hameaux situés en retrait sont aujourd'hui déserts.

Habitat ancien de l'Olmu (Cliché Michel Claude Weiss)

ci-dessous, Habitat traditionnel du vieux Tuarelli
(Cliché Michel Claude Weiss)

La capacité de survie et de croissance des groupements habités dépend des atouts du site. Au fil du temps, ces derniers changent, les voies de communication se déplacent et souvent leur proximité supplante même la qualité des ressources agro-pastorales. À Tuarelli, pourtant doté d'un ingénieux aménagement de captation de l'eau du ruisseau, le hameau de moindre attrait mais situé en bordure du chemin départemental s'est développé au détriment de l'ancienne implantation. Au fond de la vallée du Fangu, Barghjana se substitue à Candela, construit à l'écart de la route de transhumance. L'évolution spectaculaire de la plaine du Marzulinu depuis l'ouverture de la route vers Calvi s'est faite au détriment des hameaux côtiers apparaissant le long d'une route en partie délaissée où les implantations humaines ont mal résisté à divers événements, par exemple l'abandon de l'installation industrielle de la mine de l'Argentella.

Le cas de Galeria nous retiendra un instant. Ancienne colonie de peuplement, l'agglomération est conçue autour d'un noyau originel dévoilant un plan orthogonal organisé derrière un mur d'enceinte. Cet espace délimité est parfaitement lisible, tant sur les plans cadastraux que sur le terrain. À Galeria, le franchissement de la limite de l'enceinte s'est réalisé d'autant plus aisément que celle-ci était d'une taille modeste l'apparentant plus à un mur de clôture qu'à une muraille ■

JEAN-MARIE SEITÉ

La vie associative

Au début des années 70, la Corse a été parcourue par un vaste mouvement multiforme de « *riacquistu culturale* » (réacquisition culturelle). Impulsé par des militants associatifs remettant en cause le tout politique clientélaire de l'époque et le vide culturel, il portait la revendication d'autres rapports entre les acteurs du monde rural pour une plus juste répartition des responsabilités.

Le Falasorma, dans un premier temps, n'a pas été concerné par ces mutations. Pas de création de foyer rural, sans doute parce que des pratiques de convivialité avaient été maintenues autour des cafés, traditionnels lieux d'échanges, mais surtout grâce à la personnalité du Directeur de l'école de Galeria, Antoine Mariani. Celui-ci n'hésitait pas, le samedi soir, à transformer une salle de classe en ciné-club de fortune, relayant la programmation de la Ligue française de l'enseignement public. Ainsi, dans des conditions de confort très approximatif, presque toute la population, toutes générations confondues, se retrouvait sur les bancs des plus jeunes.

Conférence d'Alain Gauthier à la tour génoise de Galeria (Cliché C. Marteau)

Le temps où des postes d'instituteurs étaient répartis dans toute la vallée, sur les deux communes, pour une population pastorale dense où les familles nombreuses n'étaient pas l'exception, vaste réseau passant par Prizzuna, Tuarelli, Barghjana, Mansu, Montestremu, E Canne, ne vit plus que dans les mémoires. Une photographie, entre autres, de la classe des garçons de Galeria après la Grande Guerre en porte aujourd'hui témoignage.

En dehors de l'habituelle société de chasse et d'éphémères regroupements pour des motifs pouvant à présent paraître dérisoires, la véritable vie associative va débuter avec la création de l'Associu falasormincu. Cette association marquera le milieu de la décennie 80 non seulement en accueillant l'été de nombreux groupes polyphoniques (I Muvrini, Canta u Populu corsu, Tavagna, A Filetta, etc.) mais aussi en relançant pour un temps le ciné-club, la foire de Saint-Pancrace à Barghjana, des soirées *chjama è rispondi* à la Tour génoise et des cours de langue corse, très suivis, deux fois par mois.

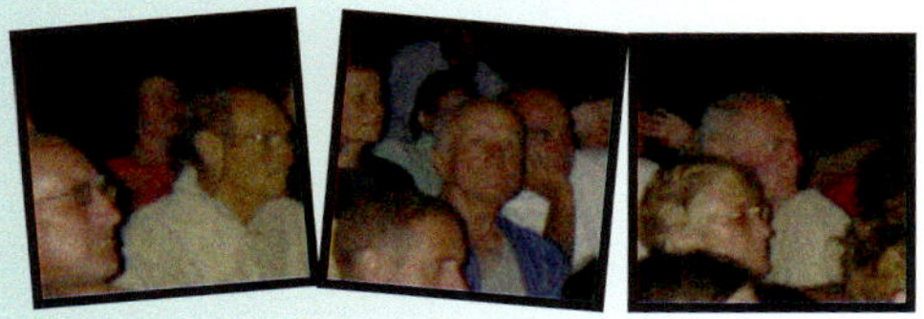

ci-dessous, sortie illustrant une conférence de l'association « Cunniscenza di Scandula è di u Fangu »
(Cliché C. Marteau)

Le relais sera repris en 1991 par U Ricciu guardincu qui, fidèle aux promesses de son intitulé, mobilisera son énergie *per a difesa, u rispettu è u sviluppu di u rughjone falasurmincu* (pour la défense, le respect et le développement du Falasorma). Le travail auprès des élus, des décideurs administratifs et de la presse régionale contribua à faire évoluer favorablement les dossiers de la route du Marzulinu, du chemin de transhumance ancestral de Caprunale et amena à poser les problèmes d'écologie et de développement (Scandula, Piriu, Fangu) en harmonie avec les activités humaines : « *la capia incu l'acelli* » (la cage avec les oiseaux).

Aujourd'hui, quatre associations se positionnent d'une certaine façon en continuité des précédentes avec des buts clairement différenciés.

Le foyer rural du Falasorma, association d'éducation populaire, permanente et citoyenne, contribue à l'animation et au développement culturel et social de l'espace considéré.

Per u Falasorma sempre vivu prône la défense de l'environnement par les moyens modernes les plus appropriés : bornes à incendies, présence estivale de la protection civile, travaux de prévention...

Cunniscenza di Scandula è di u Fangu a des objectifs bien distincts : diffusion des savoirs patrimoniaux et universitaires, conférences pour éclairer les avis et les choix, publications. Dans cette association, toutes les forces vives de la microrégion, riches de leur diversité, créent un espace de rencontres et d'échanges facilitant la définition utile de l'avenir d'une communauté.

L'association la plus récente, A Sentinella, créée en 2003, se propose d'apporter une réflexion et de promouvoir une action dans le cadre de questions importantes relatives à la commune de Galeria (eau et assainissement, construction du port, environnement, etc.)

Roch Albertini

Conclusion

Ce petit livre est une sorte de résumé des connaissances relatives au bassin du Fangu. Il donne aussi l'occasion de mesurer le chemin à parcourir pour parvenir à une vision plus diversifiée, plus complète de cette région du Falasorma, terre de bergers par excellence. Certes, les travaux scientifiques vont se poursuivre, de façon naturelle pourrait-on dire, apportant leur lot d'informations nouvelles, originales ou surprenantes. Néanmoins, il conviendrait maintenant de faire porter l'effort prioritairement sur quelques aspects de cette zone, et en particulier sur ce qui a tendance à disparaître, autrement dit le fait ethnographique. Car les données traditionnelles, chants, contes, récits, remémorations précieuses de la vie d'autrefois, ont comme support la fragilité des personnes âgées. Cette transmission irremplaçable, le plus souvent orale, est régulièrement affaiblie par le départ inévitable des anciens. La situation est d'autant plus grave que l'on est à l'époque des derniers témoins de cette histoire. En fait, on se trouve dans une situation d'extrême urgence.

Cependant, le bassin du Fangu, c'est évidemment l'avenir, un avenir qui doit être envisagé avec optimisme. Épargnée par les formes d'urbanisation touristique qui ont défiguré d'autres littoraux ou gaspillé l'espace naturel, la vallée du Fangu dispose en effet d'atouts patrimoniaux et environnementaux indéniables. Image de marque à conserver et à faire fructifier d'urgence au bénéfice d'une économie locale en construction. Une revitalisation durable reposera grandement sur la maîtrise à long terme de la qualité de l'environnement et des paysages, sur la conservation d'un « pays authentique » et pourquoi pas attractif pour l'installation de micro-entreprises et de nouveaux habitants permanents.

Ce scénario est loin d'être utopique. Il repose d'abord sur les hommes qui vivent et travaillent dans le Fangu, sur leurs efforts actuels pour valoriser les activités traditionnelles, sur leurs projets pour innover, pour investir et développer de nouveaux créneaux prometteurs comme l'écotourisme, les sports de pleine nature, la gestion de l'environnement, pour n'en citer que quelques-uns.

Cette entreprise ne pourra aboutir sans la structuration des initiatives à l'échelle de la microrégion tout entière. Tel est le défi de tous les acteurs déjà engagés dans ce projet pour le territoire.

Puisse cet ouvrage contribuer à les conforter dans cette dynamique, voire à mobiliser d'autres volontés

Michel Claude Weiss
& Patrick Lepaulmier

page précédente,
La zone de la Paglia orba
(Cliché Michel Claude Weiss)

Mémento

Infos pratiques

OFFICES DE TOURISME

- **Office Municipal de Tourisme de Calvi**
  Office de Pôle Balagne
  Port de plaisance - BP 97 - 20260 CALVI
  Tél. : 04 95 65 16 67 - Fax : 04 95 65 14 09
  www.balagne-corsica.com
  omt.calvi@wanadoo.fr
- **Syndicat d'initiative de Galeria-Falasorma**
  Pont des cinq arcades
  20245 GALERIA
  Tél. : 04 95 62 02 27 - Fax : 04 95 62 02 54
  s.i.galeria.balagne@wanadoo.fr

MAIRIES

- **Calenzana**
  Place du Monument - 20214 CALENZANA
  Tél. : 04 95 62 04 13 - Fax : 04 95 62 04 14
- **Galeria**
  Place de l'Eglise - 20245 GALERIA
  Tél. : 04 95 62 00 09 - Fax : 04 95 62 03 02
- **Mansu**
  Hameau de Barghjana - 20245 MANSU
  Tél. : 04 95 62 02 61 - Fax : 04 95 62 03 92

ADRESSES UTILES

- **Gendarmerie de Galeria**
  Route de Calca - 20245 GALERIA
  Tél. : 04 95 62 00 17
- **Bureau de poste de Galeria**
  Place de l'Eglise - 20245 GALERIA
  Tél. : 04 95 62 01 82
- **Laboratoire écologique**
  Forêt de Piriu - 20245 MANSU
  Tél. : 04 95 62 02 73
- **Maison forestière de Piriu**
  Forêt de Piriu - 20245 MANSU
  Tél. : 04 95 62 00 58
- **Météo Info -** Tél. : 08 99 70 01 02
- **Maison forestière de Bonifatu**
  Forêt de Bonifatu - 20214 CALENZANA
  Tél. : 04 95 65 09 61
- **Parc naturel régional de Corse**
  2 rue Major Lambroschini - BP 417
  20184 AJACCIO CEDEX 1
  Tél. : 04 95 51 79 10 - Fax : 04 95 21 88 17
  www.parc-naturel-corse.com
  Infos@parc-naturel-corse.com
- **Maison d'information randonnée**
  2 rue Sergent Casalonga - BP 417
  20184 AJACCIO CEDEX 1
  Tél. : 04 95 51 79 00 - 04 95 50 59 04
  Fax : 04 95 21 88 17
  www.parc-naturel-corse.com/éducation
  Infos@parc-naturel-corse.com
- **Casa Marina** (éducation à l'environnement)
  Village - 20245 GALERIA
  Tél. : 04 95 62 04 13 - Fax : 04 95 62 04 14
  www.parc-naturel-corse.com/casamarina
  casa-marina@parc-naturel-corse.com
- **Maison de la mer**
  (gestion de la réserve de Scandula)
  Port de plaisance - 20245 GALERIA
  Tél. : 04 95 62 00 28
- **Maison du GR 20**
  Plan d'Aregnu - 20214 CALENZANA
  Tél. : 04 95 62 87 78

URGENCES

- **Smur -** Tél. : 15
- **Pompiers -** Tél. : 18
- **Antenne médicale de Calvi -** Tél. : 04 95 65 11 22
- **CROSS Med Corse -** Tél. : 04 95 20 13 63

L'hébergement

Site de renseignement sur l'hébergement :
www.corsica-net.com

HÔTELS-RESTAURANTS

- **L'Auberge**
  Village - 20245 GALERIA
  Tél. : 04 95 62 00 15 - www.auberge-corse.com
- **Le Filosorma**
  Route de la mer - 20245 GALERIA
  Tél. : 04 95 62 00 02 - Fax : 04 95 62 03 44
  www.corsica-net.com/filosorma
- **Stella Marina**
  Port de plaisance - 20245 GALERIA
  Tél. : 04 95 62 00 03 - Fax : 04 95 62 04 29
  www.hotel-stellamarina.com
- **E cinque arcate**
  Pont des cinq arcades - 20245 GALERIA
  Tél. : 04 95 62 02 54 - Fax : 04 95 62 20 40
  www.corsica-net.com/5ARCADE
- **A Farera**
  Hameau du Fangu- 20245 GALERIA
  Tél. Fax : 04 95 62 01 87
  www.corsica-net.com/FARERA
- **Le Fangu**
  Hameau du Fangu - 20245 GALERIA
  Tél. : 04 95 62 01 92 - Fax : 04 95 62 01 92
- **Auberge Ferayola**
  L'Argentella - 20260 CALVI
  Tél. : 04 95 65 25 25 - Fax : 04 95 65 20 40
  www.ferayola.com

RÉSIDENCES DE TOURISME

- **La Punta**
  Village - 20245 GALERIA - Tél. : 04 95 62 01 74
  Fax : 04 95 62 01 74 - www.a-punta.com
- **L'Incantu**
  Route de Calca - 20245 GALERIA
  Tél. : 04 95 62 03 64 - Fax : 04 95 62 03 66
  www.incantu.com - Info@incantu.com
- **Palazzu**
  Strada di mare - 20245 GALERIA
  Tél. : 04 95 62 03 61 - Fax : 04 95 62 01 83
  www. palazzu. com - info@palazzu.com

CAMPINGS

- **Idéal Camping**
  Route de la mer - 20245 GALERIA
  Tél. : 04 95 62 01 46
  www.corsica-net.com/idealcamping
- **Les 2 Torrents**
  Domaine de la Vaïtella - 20245 GALERIA
  Tél. : 04 95 62 00 67 - Fax : 04 95 62 03 32
  www.corsica-net.com/2torrents
- **A Morsetta**
  L'Argentella - 20245 GALERIA
  Tél. : 04 95 65 25 28 - 04 95 65 25 24
  Fax : 04 95 65 25 29 - www.lamorsetta.com

GÎTES D'ÉTAPES

- **L'Alzelli**
  Tuarelli - 20245 Mansu - Tél. : 04 95 62 01 75
- **A Funtana**
  Montestremu - 20245 Mansu
  Tél. : 04 95 34 36 03
- **Etape marine**
  Route de Calca - 20245 GALERIA
  Tél. : 04 95 62 00 46 - Fax : 04 95 62 00 46
  www.etape-marine.com
- **Auberge de la forêt**
  Forêt de Bonifatu - 20214 CALENZANA
  Tél. : 04 95 65 09 98

CHAMBRES D'HÔTES

- **Casaloha**
  Mme Corteggiani - Fangu - 20245 GALERIA
  Tél. : 04 95 34 46 95
  www.corsica-net.com/corteggiani
- **Galeris**
  Route du bord de mer - 20245 GALERIA
  Tél. : 04 95 62 02 89 - Fax : 04 95 62 02 89
  www.corsica-net.com/galeris
- **La Martinella**
  Route de la mer - 20245 GALERIA
  Tél. : 04 95 62 00 44
  martinella@corsica-net.com
- **Sole è Mare**
  Camparellu - 20245 GALERIA
  Tél. : 04 95 62 01 28 - 04 95 62 01 44
  www.corsica-net.com/solemare

LOCATIONS MEUBLÉES

- **L'Aghja Nova**
  Village - 20245 GALERIA
  Tél. : 04 95 31 24 11 - aghja@corsica-net.com
- **A Stella Rossa**
  Route du bord de mer - 20245 GALERIA
  Tél. : 04 95 62 00 14 - Fax : 04 95 60 43 81
  canava.cesar@free.fr
- **Mme Canava Dominique**
  Bord de mer - 20245 GALERIA
  Tél. : 04 95 62 02 09 - 04 95 62 01 93
- **Mme Ledoux**
  Village - 20245 GALERIA
  Tél. : 04 95 62 03 37 - www.corsica-net.com
- **Mme Luciani**
  Village - 20245 GALERIA - Tél. : 04 66 51 74 98
- **Mme Martini**
  Village - 20245 GALERIA
  Tél. : 04 95 62 02 06 - 04 91 53 31 53
- **I Spulvini**
  Route de la mer - 20245 GALERIA
  Tél. : 04 95 62 00 30 - www.corsica-net.com/spulvini
- **E Cinque Arcate**
  Route de Galeria - 20245 GALERIA
  Tél. : 04 95 62 02 54 - Fax : 04 95 65 20 40
- **Mme Miniconi**
  Hameau de Tuarelli - 20245 GALERIA
  Tél. : 04 95 62 00 96
- **Mme Joyet Angèle**
  Montestremu - 20245 MANSU
  Tél. : 04 95 62 01 99 - www.corsica-net.com

Les commerces

BARS

- **A Piazzetta**
  Village - 20245 GALERIA
  Tél. : 04 95 62 00 34
- **Chez Titine**
  Village - 20245 GALERIA - Tél. : 04 95 62 01 11
- **Bar des Amis**
  Hameau de Barghjana - 20245 MANSU
  Tél. : 04 95 62 01 17

BOUCHERIE

- **Antoine Canava**
  Village - 20245 GALERIA
  Tél. : 04 95 62 00 30

RESTAURANTS - PIZZERIAS - SNACKS

- **A Sulana**
  Route du bord de mer - 20245 GALERIA
  Tél. : 04 95 62 02 99
- **L'Aghja Nova**
  Village - 20245 GALERIA
  Tél. : 04 95 62 03 05
- **L'Alivu**
  Route du bord de mer - 20245 GALERIA
  Tél. : 04 95 62 01 93
- **L'Incantu**
  Route de Calca - 20245 GALERIA
  Tél. : 04 95 62 03 64
- **Ponte Vecchiu**
  Hameau du Fangu - 20245 GALERIA
  Tél. : 04 95 62 00 63
- **Sole è Mare**
  Camparellu - 20245 GALERIA
  Tél. : 04 95 62 01 23 - 04 95 62 01 44

SUPÉRETTES

- **César Canava**
  Bureau de tabac - Village - 20245 GALERIA
  Tél. : 04 95 62 00 14 - Fax : 04 95 60 43 81
- **Supermarché Galeria**
  Village - 20245 GALERIA
  Tél. : 04 95 62 00 04 - 04 95 62 03 89

STATIONS SERVICES

- **Garage de Galeria (Esso)**
  Pont des cinq arcades - 20245 GALERIA
  Tél. : 04 95 62 02 70 - Fax : 04 95 62 02 11
- **Station service Shell**
  Hameau du Fangu - 20245 GALERIA
  Tél. : 04 95 62 01 92

Les loisirs

CROISIÈRES EN MER

- **Colombo Line**
  SEMC – Madonna di a Sarra – 20260 CALVI
  Tél. : 04 95 65 32 10 – 04 95 65 03 40
  Fax : 04 95 65 33 01
  www.colombo-line.com
- **AMC Croisières**
  38 rue Clemenceau – BP 6 – 20260 CALVI
  Tél. : 04 95 60 29 11 – 06 14 89 36 97
  Fax : 04 95 46 39 71
  www.am-catamaran.com
- **Palazzu**
  Promenade et pêche en mer
  Village – 20245 GALERIA
  Tél. : 04 95 62 03 61
  Fax : 04 95 62 01 83
  www.palazzu.com

LOCATIONS DE BATEAUX

- **Tra Mare è Monti**
  Port de pêche – 20245 GALERIA
  Tél. : 04 95 65 21 26 – Fax : 04 95 47 36 71
  www.tramare-monti.com
- **Scandola marine**
  Foggiola – 20245 GALERIA
  Tél. : 06 61 43 73 31 – Fax : 04 95 47 07 75
  www.tramare-monti.com

CLUB DE PLONGÉE

- **A Lucerna**
  Route de Calca – 20245 GALERIA
  Tél. : 04 95 62 03 65
  Fax : 04 95 62 03 66
  www.incantu.com

VISITE, DÉCOUVERTE

- **Delta du Fango**
  Route de la mer – 20245 GALERIA
  Tél. : 06 22 01 71 89

Les produits locaux

ARTISANAT

- **Boutique L'Artighiana**
  Lara Van Der Heyde
  Route de Galeria – 20245 GALERIA
  Tél. : 04 95 60 64 11

CHARCUTERIE

- **Dominique Giamarchi**
  Chirchisano – 20245 GALERIA
  Tél. : 04 95 65 20 40
  Tél. : 04 95 65 20 40

FROMAGES

- **Ange-François Acquaviva**
  Amacu – 20245 GALERIA
- **Jean-François Acquaviva**
  Marzulinu – 20245 GALERIA
  Tél. : 04 95 65 09 43
- **Joseph Acquaviva**
  Mustelle – 20245 GALERIA
  Tél. : 04 95 65 07 77
- **Stanislas Acquaviva**
  3 pont du Mansu – 20245 MANSU
  Tél. : 04 95 62 01 59
- **Ange-Mathieu Geronimi**
  Marzulinu – 20245 GALERIA
  Tél. : 04 95 65 01 99
- **Antoine Massoni**
  Marzulinu – 20245 GALERIA
- **Daniel Sabiani**
  Bergerie de Canne – Fugliaccia – 20245 GALERIA
  Tél. : 04 95 62 01 37

MICHEL PUZENAT

Orientation bibliographique

- Association Cunniscenza di Scandula è di u Fangu, *A la découverte de Scandula et du Fangu*, Conférences 2000-2001-2002, Éditions Albiana, 2003, 147 p.
- Association Cunniscenza di Scandula è di u Fangu, *La vie d'avant dans le bassin du Fangu*, témoignages photographiques, Éditions Albiana, 2005, 115 p.
- *Bulletin de la Société des sciences historiques et naturelles de la Corse*, « Hommage à Pierre Simi, Trente ans d'études écologiques de la vallée du Fango (Filosorma) 1971-2002 », Tome V, fasc. n° 708-709, 3e et 4e trimestre 2004 2005, 189 p. et Tome VII, fasc. n° 712-713, 3e et 4e trimestre 2005, 2006, 189 p.
- Geoffray B., « La population de la commune de Manso », *Bulletin de la Société des sciences historiques et naturelles de la Corse*, n° 625, 1977, p. 93-104.
- Leca J.-C., « L'implantation humaine dans le Filosorma », Thèse de 3e cycle, Faculté des Lettres et Sciences Humaines, Université d'Aix-Marseille, 1974, 170 p.
- Luccioni Gabrielle, « Le bassin-versant du Fango, organisation géographique et comportement hydrologique d'un bassin corse », Thèse de Doctorat de Géographie, Université de Corse, 1999, 313 p.
- Richez Gérard, « Aspects de la fréquentation touristique et récréative de la vallée du Fangu (Haute-Corse) durant l'été 1992 », *Travaux scientifiques du Parc naturel régional et Réserves naturelles de Corse*, n° 47, Ajaccio, 1994, p. 1-82.
- Simi Pierre, « Précis de géographie physique, humaine économique, régionale de la Corse », numéro spécial du *Bulletin de la Société des sciences historiques et naturelles de la Corse*, n° 11, 1981, 608 p.

Table des matières

Chapitre III - DÉCOUVRIR LES PAYSAGES DU FANGU

Chapitre IV - LE FANGU ET SON PASSÉ

Chapitre V - LE FANGU AUJOURD'HUI

vilo
DIFFUSION & DISTRIBUTION

ISBN : 2-84698-187-6
Maquette et mise en page : Graphit[e]
Albiana – BP 83 – 20176 Ajaccio Cedex 01
Tél. : 04 95 50 03 00 – Fax : 04 95 50 03 01
www.albiana.fr
E-mail : albiana@wanadoo.fr
Dépôt légal : 747 - novembre 2006
Imprimé en France chez Louis-Jean Imprimeur – 05000 GAP